청동기시대 문화변천

울산문화재연구원 학술총서 4

청동기시대 문화변천

김현식 지음

서경문화사

　이 책은 필자의 박사학위논문인 『남한 청동기시대 토기와 주거지의 변천연구』를 정리한 것이다. 학부를 졸업하고 매장문화재 발굴조사기관에 근무하게 되면서 처음 발굴했던 유적이 남한의 대표적인 청동기시대 유적 중에 하나인 진주 대평리 유적이었다. 2년에 걸친 발굴조사를 통해 저자는 자연스럽게 청동기대 취락에 관심을 갖고 관련 논문들을 쓰게 되었다. 그러다 보니 어느새 '청동기시대 취락'이 필자의 전공이 되어 있었으며, 이 책은 그간의 연구를 종합한 것이라 할 수 있다.

　문화인류학자 앨프리드 크로버(Alfred Louis Kroeber)는 '문화는 문화로부터 파생된다'고 하였다. 문화는 저절로 생겨나거나 하늘에서 떨어진 것이 아니며, 어떤 문화건 반드시 그 문화에 영향을 준 문화가 있다는 의미이다. 청동기시대 다양한 물질문화 역시 저절로 생겨난 것은 하나도 없음이 당연하다. 저자는 우리나라 청동기시대 유적에서 가장 많이 확인되는 유구와 유물이 주거지와 토기라는 점에 주목하였다. 주거지와 토기는 양적으로 풍부한 만큼 그 형태도 다양하고 그 다양성에는 여러 가지 의미가 담겨 있다고 생각하였다. 연구결과, 다양성에는 시간성, 지역성, 계층성, 문화적 선택 등의 여러 가지 의미가 담겨있으며, 그 중 가장 기본적인 것은 역시 시간성과 지역성이라는 점을 확인 할 수 있다. 그리고 시간성과 지역성은 서로 독립적인 요소가 아니라 서로 연결되어 있었다. 기본적으로 토기와 주거지의 형태는 시간의 흐름에 따라 차이를 보이지만, 지역에 따라 그 '차이의 양상'이 다르게 나타났다. 그리고 이러한 배경에는 각 지역의 자연 환경적 차이와, 사회구조의 변화 등이 반영되어 있다는 점도 알 수 있었다.

　필자가 고고학도의 길을 걸어오며 이 책을 낼 수 있게 된 데에는 많은 분들의 도움이 있었다. 함께 발굴현장에서 땀을 흘린 연구자들, 저의 은사이신 안재호 선생

님, 석사학위논문의 지도교수였던 정징원 선생님, 박사학위논문의 지도교수님인 신
경철 선생님, 박사학위논문의 심사위원으로 많은 가르침과 조언을 아끼지 않으셨던
이청규, 김두철, 배진성 선생님, 끝으로 변변치 않은 글을 책으로 만들어 주신 서경
문화사 김선경 대표님, 이 모든 분들에게 감사드린다.

| 차 례 |

I
서론

1. 연구목적과 방법

고고학은 인간이 남긴 물질적 흔적을 통해 인간의 과거를 살펴보는 학문이다. 그러므로 인간이 남긴 물질적 흔적의 시간적 위치를 파악하는 것, 즉 편년이 고고학을 연구하는데 있어서 가장 기초적이고 중요한 연구이다. 아무리 결론이 독창적인 연구라도 기초적인 '편년'에 오류가 있다면, 해당 연구는 사상누각이 될 수밖에 없다. 따라서 고고학에서 '편년'은 아무리 중요성을 강조해도 지나치지 않다.

편년은 단순히 물질자료의 물리적 시간대를 추론하는 것이 그 목적은 아니다. 주지하다시피 근대 고고학이 태동하는데 결정적인 기여를 한 이론은 다윈의 '진화론(다위니즘)'이다(성춘택 2003). 진화론이 고고학에 기여한 가장 큰 업적은 인간이 만든 '물질'에도 생물체와 같이 '종'과 '계통'이 존재한다는 인식을 심어준 것이라 할 수 있으며, 이를 통해 고고학자들은 인간의 물질자료를 '유형', '양식', '형식' 등의 단위로 분별하고 서로간의 계통관계를 추론할 수 있게 되었다. 대표적인 상대편년법인 '형식학적 방법'과 '순서배열법'도 사실은 계통적 선후관계를 파악하는 것이 그 목적이다(곽종철 1988).

결국 고고학에서 편년의 목적은 물질자료의 계통적 선후관계를 파악하고, 그 계통적 선후관계의 형성 배경과 원인을 규명하는데 있는 것이다. 이것은 다위니즘에서 종의 변이가 발생하는 요인인 '자연선택(natural selection)'을 규명하는 것과 같다고 볼 수 있으며, 즉 인간이 만든 물질이 변이하는 배경과 원인을 이론적으로 규명하는 것이 편년의 궁극적인 목적이다. 따라서 본고에서는 남한 청동기시대 토기와 주거지의 변천과정을 살펴보고 그 배경과 의미에 대하여 고찰하고자 한다.

먼저 본고의 연구대상 자료는 남한 청동기시대 토기와 주거지이다. 본고의 대상 자료를 주거지와 토기로 한정한 이유는 남한 청동기시대의 고고학적 자료 중에 가장 양적으로 풍부하고, 다양한 變異가 확인되기 때문에 편년연구에 가장 효율적인 자료이다. 또한 토기와 주거지는 당시의 사람들 생활상이나 사회상이 가장 많이 반영되어 있는 물질자료이기도 하다. 따라서 토기와 주거지의 변천과정을 살펴보면 당시의 생활상이나 사회상을 복원하는 데에도 매우 유용하다.

본고의 구성은 다음과 같다. Ⅰ장에서는 본고의 연구목적과 방법, 그리고 기존의 연구성과에 대하여 살펴보겠다. 연구사를 살펴봄으로써 지금까지 연구에서 수용해야 할 점과 부족했던 점을 파악하여 본 연구에 반영할 것이다.

Ⅱ장에서는 남한 청동기시대 조기 토기의 변화상을 살펴보겠다. 이를 통해 남한 청동기시대의 조기 토기의 출현배경과 함께 이후 전기에는 조기 토기가 어떠한 영향을 미쳤는지 고찰하겠다.

Ⅲ장과 Ⅳ장에서는 호서지역, 한강유역, 금호강유역, 형산강유역, 태화강유역, 남강유역 자료를 중심으로 남한 전기 무문토기의 변천과정을 살펴보겠다. 이를 통해 전기 무문토기가 어떻게 변천하는지, 그리고 그 배경은 무엇인지 고찰하겠다.

Ⅴ장에서는 남한 청동기시대 조기~전기의 주거지의 변천과정을 살펴보겠다. 조기의 주거지가 전기에는 어떠한 형태로 변천하는지, 그리고 그 배경은

무엇인지 고찰하겠다.

Ⅵ장에서는 남한 청동기시대 후기의 대표적인 유형인 송국리유형에 대하여 고찰하겠다. 송국리식토기와 송국리식주거지가 어떠한 과정을 통해 출현하였는지, 그리고 그 배경에는 무엇이 있는지 고찰해 보겠다.

Ⅶ장에서는 송국리유형과 더불어 남한 청동기시대 후기를 구성하고 있는 검단리유형에 대하여 고찰하겠다. 검단리유형을 대표하는 요소인 검단리식토기와 울산식주거지가 어떠한 과정을 통해 출현하고 그 배경에는 무엇이 있는지 고찰해 보겠다.

Ⅷ장에서는 남한 청동기시대 조기~후기까지의 주거지변화를 통해서 세대공동체의 출현과 변천과정에 대하여 고찰해 보겠다.

2. 연구현황

1) 시기구분법

남한 청동기시대 편년의 역사는 구제발굴을 통한 고고자료의 양적팽창과 괘를 같이 한다. 학술발굴 중심의 2000년대 이전의 편년관은 핵심적인 몇몇 유적의 발굴조사결과와 여기서 출토된 유물의 형식의 선후관계를 통한 편년관이 주를 이루었다. 역삼동·가락동·흔암리유적·수석리유적의 발굴조사로 인해 '전기전반-역삼동·가락동유형, 전기후반-흔암리유형, 후기-수석리유형'이라는 2시기 편년관이 출현하고(이백규 1974; 이청규 1988) 송국리유적의 발굴로 송국리유형이 중기로 편입되면서 전, 중, 후 3시기 편년법(안재호 1991; 이건무 1992; 송만영 1995)이 출현한다. 이후 이런 편년관은 별다른 반론 없이 2000년대 초반까지 학계의 대세로 자리 잡는다.

2000년대 이후, 남한에서 구제발굴이 본격화하여 발굴건수가 비약적으로 증가하면서 이전에 볼 수 없었던 새로운 청동기시대 발굴자료가 나타나기 시작한다. 대표적인 것 두가지가 '원형점토대토기와 철기의 공반'과 '돌대문토기

유적의 확인'이다. 이런 현상에 힘입어 남한 청동기시대 편년관은 2가지 큰 변화를 맞이한다.

첫 번째 변화는 시대명이 무문토기시대에서 청동기시대로 정착된다. 그에 따라 기존에 후기로 편년되던 원형점토대토기문화가 청동기시대에서 제외되고 송국리문화가 후기를 대신하게 된다. 두 번째 변화는 안재호(2000)에 의해 돌대문토기문화가 새롭게 조기로 설정되면서, 조기-돌대문토기문화, 전기-역삼동·가락동·흔암리식, 중기(후기)-송국리문화라는 3시기 구분법이 대세로 자리 잡기 시작한다.

2010년대 이후, 송국리문화와 원형점토대토기가 공존했다는 인식이 일반론으로 정착되면서 '송국리-원형점토대토기 공존기'를 후기로 설정하는 조-전-중-후 4시기 구분법이 다시 등장하였다(안재호·이형원 편 2016). 최근에는 북한지역까지 포함된 한반도의 통합된 편년관을 제시한다는 의미에서 새롭게 '전-중-후-만기'의 4시기 구분법이 제안되기도 하였다(안재호 2018).

2) 類型論

고고학적 단위는 청동기시대에 유형이란 용어를 처음 사용한 연구자는 이청규(1988)인데, 특정한 유물 형식들의 '조합'을 유형으로 설정하였다. 박순발(1999)은 clarke의 견해를 수용하여 유형을 '고고학적 문화(Archeological Cuiture)'의 하위 개념으로 인식하고 '동질적 문화적 전통을 가지고 있으면서 고고학적으로 동시간대로 포괄될 수 있는 제작·사용된 일련의 유구 및 유물군'으로 정의하였다. 이는 유형의 시간적 '同時性'을 강조했다는 점에서 '樣式'과 유사한 면이 있다. 이후 안재호(2006)에 의해 공간적 인식이 더해지면서, 현재 학계에 통용되고 있는 청동기시대 '유형론'이 정착되었다.

주지하다시피, 현재 학계에 유행하는 편년법은 유형론에 입각한 편년법이다. 이 편년법은 청동기시대를 몇 개의 문화유형으로 구분하고 각 문화유형의 시·공간성을 미리 정해 놓은 다음 편년대상이 되는 유물, 유구 조합을 특정한 유형에 포함시키는 방식의 편년법이다.

이 편년법의 장점은 편년대상의 고고자료를 이미 선후관계가 정해진 문화유형에 대입만 시키면 되기 때문에 비교적 간편하다는 장점이 있지만, 문제점도 적지 않다. 우선 동일한 유형명임에도 불구하고 연구자마다 유형을 구성하는 형식구성이 일치하지 않는다. 예를 들어 이중구연단사선구순각목문토기를 어떤 연구자는 '가락동유형'에 포함시키기도 하고, 연구자에 따라서는 흔암리유형에 포함시키기도 한다. 그리고 단독 구순각목, 단독 공열문은 연구자에 따라 역삼동유형으로 분류하기도 하고 흔암리유형이나 가락동유형으로 분류하기도 한다. 이밖에도 각 유형에 공통적으로 포함되는 형식이 많아 유형간의 구분이 애매한 경우가 많다는 것도 문제점 중에 하나이다.

이런 현상은 남한 청동기시대 모든 유형은 구성하는 형식의 질적 차이보다는 양적 차이에 의해 구분된다는 것을 시사하는데, 문제는 이 양적 차이의 기준이 명확하지 않다는 것이다. 그러다 보니 동일한 형식임에도 불구하고 지역에 따라 유형이 달라지는 현상이 나타나고, 그에 따라 시기도 달라지는 결과가 도출된다. 이러한 결과는 '고고학적으로 동일한 형식은 동시간대를 의미한다'는 고고학적 '공리'에 어긋나는 것이다.

이렇듯 유형론에 입각한 편년법은 과거 발굴자료가 많지 않았을 때에는 효과적인 편년법이었지만, 현재의 고고자료를 대상으로 하기에는 한계에 이르렀다고 생각된다.

3) 조기의 설정에 대한 문제

크게 早期設定論과 早期不定論으로 나누어진다. 조기설정론은 신석기에서 청동기시대로의 '전환기'로 조기를 설정하는 견해이고, 조기부정론은 남한 청동기시대에서 조기설정은 불필요하다는 견해이다. 각 견해의 내용과 연구자는 〈표 1〉과 같다.

양 견해의 차이는 조기~전기 토기문양의 다양한 변이를 바라보는 관점의 차이에서 비롯된 것이다. 조기설정론자들은 토기문양의 변이를 근본적으로 '계통성'에 기반한 결과로 인식하는 반면, 조기 무용론자들은 '문화적 선택'의 결과로 본다.

조기설정론의 핵심은 '조기=돌대문토기 단독기'인데 여기에 대해서 의문을 제기하는 연구자(김현식 2008; 고민정 2009; 김병섭 2009)도 있다. 조기설정론에서는 이에 대해 돌대문토기와 공반되는 이중구연토기는 가락동식토기와 계통이 다르다는 점을 강조하며, 돌대문토기와 공반되는 이중구연단사선문토기는 가락동식토기로 볼 수 없다는 입장이다. 이에 대해서는 뒤에서 좀 더 자세히 다루고자 한다.

조기무용론자들은 'AMS 연대값'이라는 과학적 데이터를 기반으로 하고 있다는 점에서 조기설정론보다 '객관적'이라고 주장하고 있지만, 과학적 데이터와 고고자료를 분류하는 방식이 자의적이란 비판을 피할 수 없다. 왜냐하면 데이터와 고고자료를 어떻게 분류하느냐에 따라서 정반대의 결론이 나올 수도 있기 때문이다. 그 대표적인 예는 다음과 같다.

〈표 1〉 조기설정론과 조기부정론1

	조기설정론	조기부정론
내용	조기는 신석기~청동기시대 전환기임 돌대문토기 단독기를 조기로 설정함	조기가 신석기시대~청동기시대 전환기로 인정되지 않음 돌대문토기 단독기가 인정되지 않을 뿐 아니라, 탄소연대와 공반관계로 봐도 조기~전기의 토기형식에 시기차이 역시 인정되지 않음
대표 연구자	안재호(2000), 김재윤(2004), 천선행(2005), 김현식(2008b), 배진성(2009), 정대봉(2013)	김장석(2008 · 2018) 이기성(2012) 황재훈(2015)

우선 조기설정론에서는 단독으로 시문된 공열문, 구순각목문과 복합문인 구순각목공열문을 모두 '역삼동계 또는 역삼동식토기'로 구분하고 이들의

AMS 측정값이 남한청동기시대 조기~전기에 고루 분포한다는 점, 이 토기문양이 남한의 거의 모든 토기문양과 공반된다는 점 등을 근거로 남한 무문토기의 문양에 시기차이는 없다고 주장한다.

그런데 객관적인 고고학적 실상은 이와 다르다. 단독 공열문과 구순각목문이 돌대문토기와 공반된다는 점은 맞지만, 구순각목+공열의 복합문은 돌대문토기와 지금까지 한번도 공반된 예가 없으며, AMS 연대값 또한 BP.3000년대 이전으로도 측정된 예가 없다. 즉, AMS 연대에서 구순각목공열문이 단독 구순각목문, 단독 공열문보다 출현시점이 명확하게 늦다는 점에 이론의 여지는 없다.

전기 무문토기 문양에서 구순각목공열문이 가지는 의미는 매우 크다. 왜냐하면 복합문양인 구순각목공열문의 검출여부에 따라 가락동유형과 역삼동유형을 구분하는 연구자가 많고 이런 구분기준에 의해 AMS 연대값을 비교할 경우 가락동유형의 출현이 역삼동유형의 출현보다 이르다는 결론이 도출되기 때문이다.

2) 전기 유형의 해석의 문제

전기를 구성하는 유형으로 알려진 가락동·역삼동·흔암리유형의 해석에 대한 문제인데, 크게 4가지 견해로 구분된다. 각 견해의 핵심내용과 주요 연구자는 〈표 2〉와 같다.

첫 번째는 '가락동+역삼동=흔암리'로 보는 견해이다. 서북지방의 문화의 남하로 형성된 가락동유형과 동북지방 문화의 남하로 형성된 역삼동유형이 한강유역에서 융합하여 흔암리유형이 출현했다는 첫 번째 견해의 큰 골격이다.

당시의 빈약한 고고자료를 바탕으로 만들어진 견해이기 때문에 현재의 고고자료에 그대로 적용시키기엔 무리가 있지만, 전기 문화를 가락동식, 역삼동식, 흔암리식으로 구분하는 방법은 학계의 일반론으로 자리 잡았다. 남한 청동기시대 연구에서 학사적으로 매우 의미가 있는 이론이다.

두 번째는 '가락동유형=역삼동유형=흔암리유형'으로 보는 견해이다. 이 견해의 핵심은 가락동유형의 지역성과 역삼동유형과 흔암리유형의 유사성을 강조하였다 점이다. 가락동식토기 · 위석식노지 주거지(둔산식주거지) 중심의 물질문화를 가락동유형으로 설정하고 역삼동식토기 · 흔암리식토기와 무시설식노지 주거지(관산리식주거지) 중심의 물질 복합체를 역삼동 · 흔암리유형으로 설정하였다. 그리고 양 유형을 동시기의 지역성을 가지는 유형으로 인식하였는데, 가락동유형의 중심지역을 금강유역으로 보고 역삼동 · 흔암리유형은 금강유역을 제외한 남한 전체에 분포하는 것으로 보았다. 당시의 고고자료만으로 볼 때 합리적인 해석이라 판단되지만, 최근의 발굴자료와는 맞지 않다. 대표적 예가 금강유역에서 돌대문토기 출토 유적이 확인되고, 금강유역 이외의 조기~전기 유적에서 가락동식토기(이중구연단사선문토기) 출토 사례가 증가하고 있다는 것이다.

세 번째는 '미사리유형=가락동유형=역삼동유형=흔암리유형'으로 보는 견해인데, 전술한 조기부정론이 여기에 해당된다. 전기의 유형을 동시기로 본다는 점에서 두 번째 견해와 유사하지만, 아예 조기~전기의 모든 유형을 동시기로 본다는 점에서 다르다. 이 견해의 문제점은 전술한 조기부정론에서 다루었으므로 생략한다.

〈표 2〉 전기의 유형의 해석에 대한 견해

	가락동+역삼동= 흔암리	가락동=역삼동= 흔암리	미사리=가락동= 역삼동=흔암리	가락동 → 흔암리 → 역삼동
내용	흔암리유형을 가락동유형과 역삼동유형의 문화융합으로 인식함	전기의 유형을 동시기의 지역문화로 인식함	조기~전기 모든 유형을 동시기의 문화적 선택으로 인식함	전기의 유형을 지역적문화로 보지 않고 시간적 양식으로 이해함
대표 연구자	이백규(1974)	이형원 (2002 · 2007a), 나건주(2013)	김장석(2008 · 2018), 이기성(2012), 황재훈(2015)	박영구(2000), 김한식 (2006), 庄田愼失(2007), 김현식(2008a), 김병섭 (2009), 하진호(2013)

네 번째 견해는 가락동식 → 흔암리식 → 역삼동식 순으로 보는 견해이다. 필자의 견해(김현식 2008)도 이 네 번째 견해에 해당된다. 토기문양의 변이를 시간차이로 본다는 점에서 첫 번째 견해와 같지만, 흔암리식토기를 역삼동식과 가락동식의 융합으로 보지 않고 가락동식토기에서 역삼동식토기로 전환되는 과정의 토기양식으로 본다는 점에서 다르다. 또한 유형을 '지역성'이나, '문화적 선택'으로 보지 않고 시간적 '양식'으로 이해하고 있다는 점에서 두 번째, 세 번째 견해와도 다르다.

3) 송국리문화의 기원에 관한 문제

크게 자체발생설과 외래기원설로 구분된다. 자체발생설에서는 송국리문화가 전기 문화의 기반에서 출현한 것이라 보며, 외래기원설에서는 외부의 직접 전파의 결과로 본다. 자체발생설의 대표적인 연구자는 안재호(1992), 김장석(2003), 나건주(2005), 이형원(2006), 송만영(2001) 등이며, 외래기원설의 대표적인 연구자는 이홍종(1996), 우정연(2002), 이진민(2004) 등이다. 이에 대해서도 뒤에서 다시 다루기로 한다.

II
조기 무문토기의 출현과 변천

1. 요동계이중구연토기와 가락동식토기

　현재 남한 청동기시대 조기는 돌대문토기 단독기로 보는 것이 학계의 통설
(안재호 2000; 천선행 2007; 이형원 2007b)이며, 출현시점과 기원에 대해서 비교
적 많은 연구가 이루어졌다. 돌대문토기는 서북지방 청동기시대 문화와 관
련이 깊은 것으로 알려져 있지만(안재호 2000; 이형원 2002; 박순발 2003; 천선행
2005; 배진성 2007), 서북지방이 기원지로 비정되는 남한의 유형이 돌대문토기
만 있는 것은 아니다. 전기의 가락동식토기 역시 서북지방과 관련이 깊은 것
으로 보고 있는데(大貫靜夫 1996; 朴淳發 1999; 김장석 2001; 공민규 2005; 배진성
2007; 이형원 2007a), 남한에서 선후관계에 있는 돌대문토기와 가락동식토기
를 서북지방 무문토기기문화[1]와 관련시키고 있는 것이다.

---

1) 요동·압록강·청천강유역의 무문토기문화.

〈표 3〉 남한 조기유적과 요동지방의 탄소연대(BP) 비교

돌대문토기		이중구연단사선문토기		돌대문토기+ 이중구연단사선문		요동지방	
유구(주거지)	탄소연대	유구(주거지)	탄소연대	유구(주거지)	탄소연대	유적	
옥방5지구 D-2	3230±30	교동1호	3390±60	철정c1	3310±60	双砣子 3기	3115±90 BP
옥방5지구 D-2	3138±60	교동2호	3100±60	현암1	3020±40	于家村 上層	3230±90 BP
상촌리 2호	3030±50	교동3호	3230±60	가평 연하리1	3090±60	于家村 上層	3280±85 BP
상촌리 10호	3010±50	대율4호	3090±60	인천 동양동2	2900±80	大嘴子 3期 F1	3384±92 BP
외삼포5	3120±80	대율1호	3060±40	송산리2	3230±50	大嘴子 3期 F1	3170±75 BP
철정c5	3430±80	강서2호	3050±80	대구 대천동16	3000±50	大嘴子 3期 F1	3053±86 BP
미사리	3360±40	궁동2호	3030±70	평거3-1 3	3020±50	大嘴子 3期 F1	2945±75 BP
울산구영 28호	3010±60	인천 동양동1	3050±70				
		대구 월성동15	3100±60				

실제로 양 토기의 기원지로 지목되는 서북지방 무문토기 문화에서는 남한에서 확인되는 돌대문·이중구연단사선문·이중구연·횡대구획문·거치문·공열문 등의 문양이 모두 확인된다. 이중에서 돌대문과 이중구연단사선문의 비율만 놓고 본다면, 구체적으로 압록강 지역(공귀리·심귀리[2]·신암리유적[3])에

---

2) 심귀리·공귀리유적은 Ⅰ·Ⅱ 두시기로 구분되는데(리용간·리순진 1965; 배진성 2007) Ⅰ은 돌대문 중심, Ⅱ는 공귀리식토기와 돌유문(반관통 공열) 중심이다.

3) 신암리유적은 Ⅰ-Ⅲ 세 문화층으로 구분되는데, Ⅰ은 즐문토기+무문토기, 신암리Ⅱ는 무문토기, 신암리Ⅲ은 미송리식토기가 출현하는 시기이다.

서 돌대문토기의 비율이, 청천강유역(세죽리유적[4])에서 이중구연단사선문·이중구연의 비율이 높으며, 요동지방[5])에서는 이들의 비율에 큰 차이는 없다. 전체적으로 보면 압록강·천청강유역의 토기상이 남한의 돌대문토기·가락동식토기상과 유사한 점이 많은데, 이러한 상호 유사성은 주거지와 석기에서도 확인된다. 서북지방에서 확인되는 위석식노지 및 초석이 설치된 주거지는 돌대문토기와 가락동식토기가 출토되는 주거지와 매우 유사하며, 석기의 조합도 거의 차이가 없다. 따라서 현재로서는 '돌대문토기 서북지방 기원설'과 '가락동식토기 서북지방 기원설' 모두에 반론을 제기하기 어렵다.

〈표 4〉 서북지방 요동 병행관계(배진성 2007을 일부 수정함)

요동	압록강중상류역	압록강하류역	청천강유역
쌍타자Ⅰ·Ⅱ	토성리·장성리	신암리Ⅰ·신암리3-1	당산상층
쌍타자Ⅲ1~3	공귀리·심귀리Ⅰ	신암리Ⅱ	세죽리Ⅱ1·구룡강Ⅰ
상마석A下	공귀리·심귀리Ⅱ	신암리Ⅲ	세죽리Ⅱ2·구룡강Ⅱ1

한편, 기원전 15~13세기 무렵의 서북지방 편년의 큰 골격은 신암리유적의 편년으로 대표되는데, 신암리Ⅰ→ 신암리Ⅱ→ 신암리Ⅲ의 순이며(宮本一夫 1985·1986), 이 가운데 무문토기화된 돌대문과 이중구연단사선문은 신암리Ⅱ에서 집중적으로 확인되므로 양자 간에 시기 차는 없는 것으로 보인다.[6] 돌

---

4) 세죽리유적은 크게 Ⅰ·Ⅱ1-3·Ⅲ의 5개 문화층으로 구분되는데(後藤直 1971), Ⅱ1 부터 돌대문이 중심적으로 확인된다.

5) 쌍타자유적의 예를 볼 때, 요동지역의 문양구성은 매우 다양하다 할 수 있는데, 남한 조기-전기에서 확인되는 돌대문토기·이중구연단사선문토기·이중구연토기·횡대구획문토기·거치문·돌유문(반관통 공열문) 등을 비롯하여, 뇌문·격자문·어골문 등 매우 다양한 문양구성이 확인된다.

6) 즐문토기에서의 돌대문과 이중구연은 집선문·격자문·뇌문·점열문 등과 조합되나, 무문토기에서의 돌대문은 단독, 이중구연은 단독 또는 단사선문과 결합되어 나타난다.

대문토기의 비율이 높기는 하지만, 신암리유적의 전체적인 양상이 이중구연 단사선문보다 돌대문이 우세하기 때문에 돌대문과 이중구연단사선문에 시 기차가 있다고 보기 어렵다. 이러한 점은 주거지에서의 공반관계에서도 나타 나는데, 청천강유역의 구룡강유적에서 돌대문토기와 이중구연단사선문이 한 주거지(15호)에서 공반된다. 유적의 병행관계에서도 이중구연단사선문 중심 의 세죽리·구룡강유적II와 돌대문 중심의 공귀리·심귀리 I 은 대체로 동시 기로 편년되고 있어(後藤 直 1971; 藤口健二 1986), 서북 지방에서 돌대문과 이중 구연단사선문에 시기차가 인정되기 어렵다.

물론, 문양구성에서 세부적인 차이를 보이고, 이 지역의 편년과 고고학적 문화에 대한 인식이 폭넓은 조사로 이루어진 것이 아닌 '거점위주'의 발굴을 통해 이루어졌다는 점(강인욱 2007)을 감안하면 향후 세부적인 선후관계가 밝 혀질 가능성도 배제할 수 없다. 그러나 현재로서는 서북지방에서 돌대문토기 와 이중구연단사선문토기가 같은 층위·주거지에서 일괄유물로 출토되기 때 문에 아직까지는 서로 동일한 시간대로 보는 것이 합리적이다. 그런데 문제는 서북지방에서 동시간대로 편년되는 토기가 남한에서는 선후관계로 편년된다 는 것이다. 이에 대하여 박순발(2003)은 서북지방에서 먼저 돌대문토기가 남 한으로 전파되어 남한의 조기 문화가 되고, 나중에 이중구연단사선문토기가 전파되어 남한의 전기 문화를 이루었다는 견해를 제시하기도 하였지만, 최근 들어 남한에도 돌대문토기와 이중구연단사선문토기를 동시간대로 볼 수 있 는 자료들이 많아졌다.

우선 2000년대 후반이후에 발굴된 금강유역, 한강유역, 남강유역의 조기 유적에서 돌대문토기와 이중구연단사선문토가 공반되는 사례가 많다. 그리 고 금강유역의 연기 대평리유적의 중복관계를 보면 이중구연단사선문토기가 출토된 주거지가 각목돌대문토기가 출토된 주거지보다 선행하는 경우도 있 다(공민규 2013). 두 토기 모두 탄소연대도 BP.3000년 전후에 분포하고 있어, 탄소연대상에서도 선후관계를 인정하기 곤란하다.

이러한 모순점을 해결하기 위하여 돌대문토기와 공반되는 이중구연단사

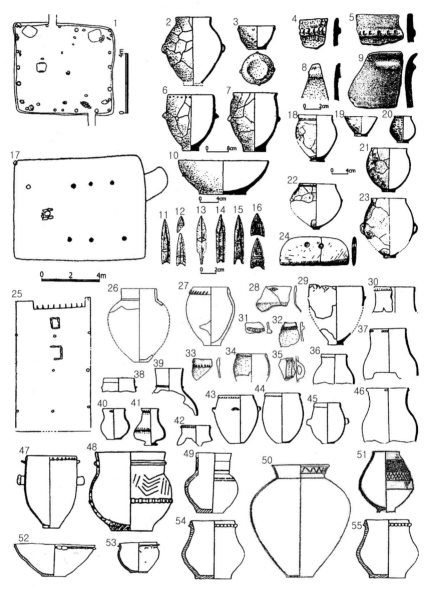

1~10·24: 공귀리, 11~23: 심귀리, 25~46: 세죽리·구룡강·신암리, 47~55: 双砣子Ⅲ·大嘴子Ⅲ·上馬石上層·于家村上層

〈도 1〉 남한 조기 관련 서북지방의 유구와 유물(유구-1/250, 유물 축척부동)

선문토기 중 구연부가 두터운 것을 '상마석계(안재호 2009)', '미사리계(송만영 2010)', '요동계(배진성 2012)'로 분류하며 가락동식토기와 구별해야 하고, 요동계이중구연토기는 애초에 돌대문토기문화에 포함되어 있었다는 견해가 제시되었다. 그리고 가락동식토기의 계통이 요동계이중구연토기에 있다고 보았다(배진성 2012).

필자는 요동계이중구연토기와 가락동식토기와의 관계를 검증하기 위하여 조기의 유적이 많이 분포하고 요동계이중구연토기와 가락동식토기의 출토예가 많은 금강유역과 한강유역의 돌대문토기와 이중구연토기 출토 유적을 검토하였다. 이를 위해 돌대문토기, 요동계이중구연토기, 가락동식토기[7]의 공반관계와 탄소연대를 검토하였다.

〈표 5〉는 금강유역 돌대문토기와 이중구연토기가 출토된 주거지를 탄소연대 순으로 배열한 것이다. 〈표 6〉은 한강유역 돌대문토기와 이중구연토기가 출토된 주거지를 탄소연대 순으로 배열한 것이다.

〈표 5〉 금강유역 돌대문 이중구연토기의 공반관계 및 탄소연대

탄소연대 (BP)	유적	각목돌대문	절상돌대문	요동계 이중구연토기	가락동식토기
3540±60 2830±40	대평리B12	●		●	
3370±70 3030±70	궁동2			●	
3230±50 2910±50	송산리 2			●	
3230±50 2910±50	대평리B13			●	
3090±60	대율4			●	

---

7) 연구자에 따라 흔암리식토기로 분류되는 이중구연단사선에 구순각목문이 시문된 토기는 제외하였다.

탄소연대 (BP)	유적	각목돌대문	절상돌대문	요동계 이중구연토기	가락동식토기
3070±50 2980±50	송산리1			●	
3070±50	대평리A12	●		●	
3070±50 3010±50	원신흥동1			●	
3060±40	대율1			●	
3050±80	강서2			●	
3020±50 2940±50 2900±50	원신흥동3		●	●	
2990±50 2810±50	대평리C3		●	●	
2970±50	대평리C1	●		●	
2970±40 2930±50	대평리B4			●	
2970±40 2900±40	대평리B8		●	●	
2960±50	강서1			●	
2950±50	대평리A5	●		●	
2950±50 2880±50	비하동II5		●		●
2940±60	대율5			●	●
2930±50	용정 I 1			●	
2930±40	대평리B17		●	●	
2920±50 2870±50	대평리C2	●		●	
2900±50	용정II1			●	
2890±40 2880±40	대평리B5			●	
2880±70 2764±50	용정동II7		●		●

탄소연대 (BP)	유적	각목돌대문	절상돌대문	요동계 이중구연토기	가락동식토기
2880±60 2750±60	보통리5		●		●
2860±80	노은3			●	
2860±60	용산탑립동4-5		●	●	
2860±50 2820±50	용산동1			●	●
2850±60 2720±60	보통리3		●	●	●
2850±60	대평리B14			●	
2850±60	대율7			●	●
2720±50	대평리B18			●	
2680±80	대율2			●	

　우선 전반적인 문양구성과 탄소연대가 양지역이 유사하게 나타났다. 탄소연대상에서 돌대문토기와 요동계이중구연토기는 가락동식토기보다 출현이 이른 것으로 나타났으며, 가락동식토기는 절상돌대문토기와 공반되나 각목돌대문토기와는 거의 공반되지 않는다. 따라서 각목돌대문토기는 가락동식토기보다 출현이 이른 것이 명확하다 할 수 있다. 전반적인 토기의 변화상은 돌대문토기와 요동계이중구연토기가 공존하다 점차 가락동식토기의 비중이 높아지고 돌대문토기의 비율이 낮아지는 경향이라 할 수 있으며 BP.2800년 무렵이 되면 돌대문토기는 거의 자취를 감춘다.

〈표 6〉 한강유역 돌대문 이중구연토기의 공반관계 및 탄소연대

탄소연대 (BP)		각목돌대문	절상돌대문	요동계 이중구연토기	가락동식토기
3370±50	인천 운서동Ⅲ5			●	
3120±80	외삼포5	●	●	●	
3050±70	인천 동양동Ⅰ-1			●	

탄소연대 (BP)		각목돌대문	절상돌대문	요동계 이중구연토기	가락동식토기
3030±60	가평 연하리1	●	●	●	
3010±60	아우라지1	●	●	●	
2980±50	동화리1			●	●
2930±50	평택 소사동다7			●	●
2915±25	김포 운양동2-10-2			●	●
2910±50	천전리(121-16)10	●	●	●	●
2900±80	인천 동양동 I -2		●	●	
2880±50	아우라지2			●	●
2880±40	금산B4				●
2840±40	금산A2				●

　　필자는 이중구연단사선문토기의 분류과정에서 요동계와 가락동식 어느쪽
에 포함시켜도 무리가 없는 애매한 형태의 이중구연단사선문도 적지 않게 확

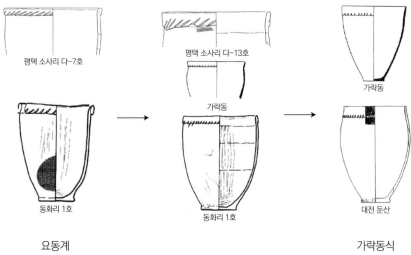

〈도 2〉 이중구연단사선문의 변천과정

인하였다.[8] 이것은 요동계이중구연토기에서 가락동식토기로의 전환과정이 형식학적 변화라는 것을 방증하는 것이다.

이상의 검토결과 요동계이중구연토기가 가락동식토기보다 출현이 이르다는 견해는 타당하며 가락동식토기를 요동계이중구연토기의 형식학적 변화의 결과로 보는 견해도 합리적이다.

결국 조기의 토기양식을 보는 관점은 '돌대문토기단독기(안재호 · 김재윤 · 천선행 · 이형원 등)'와 '돌대문토기+가락동식토기 병존기(김현식 2008b; 고민정 2009; 김병섭 2009)'로 양분된다고 할 수 있지만, 후자의 연구자들도 가락동식토기의 변화를 두껍고 짧은 이중구연에서 넓고 얇은 이중구연으로 변화한다고 보고 있기 때문에 본질적으로 두 관점의 차이는 없다. 양쪽의 차이는 결국 남한 가락동식토기의 범주를 어떻게 보느냐에 따라 다른 것이라 할 수 있다.

2. 각목돌대문토기의 퇴화와 소멸: 구순각목문의 출현

출현기 남한 청동기시대 토기양식이 압록강-청천강유역 토기양식과 차이가 나타나는 시점은 바로 구순각목문의 출현시점이다. 왜냐하면 압록강-청천강유역에는 구순각목문이 확인되지 않기 때문이다. 1990년대까지만 해도 구순각목문의 계통은 동북지방에 있다는 것(이백규 1974)이 학계의 일반론이었지만, 기본적으로 동북지방과 남한지방 무문토기는 토기의 기형자체가 상이하기 때문에 구순각목문의 계통을 압록강-청천강유역에서 찾고자 하는 견해(大貫靜夫 1996; 鄭漢德 1999)도 제시된 바 있다.

남한에서 가장 이른 시기의 구순각목문은 신석기시대에서 확인되지만, 신석기 전기-중기에 집중되고 있어 남한 무문토기의 구순각목문과 관련시키기

---

8) 일단 본고에서 애매한 형태는 모두 가락동식토기로 분류하였다.

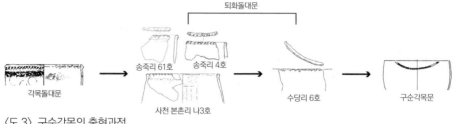

〈도 3〉 구순각목의 출현과정

힘들다. 따라서 현재의 자료로 볼 때는 두만강유역에 폭넓게 분포하는 구순 각목문과 관련시키는 것이 하나의 대안일 수 있으나, 토기의 기형상 남한의 구순각목문과 연결시키기 어려운 점이 있는 것이 사실이다.

따라서 현시점에서 가설로 제시할 수 있는 것은 '남한 각목돌대문토기에서 구순각목문토기로의 변화'(안재호 2000)이며 실제로 이러한 변화를 뒷받침해 줄 수 있는 자료들이 확인되는데, 금산 수당리유적 6호, 김천 송죽리유적, 사천 본 촌리 나3호의 출토품들이 그것이다. 즉, 이 토기들은 각목돌대문과 구순각목 의 '연결고리'가 되는 문양들로 추정되는데, '각목돌대문토기 → 송죽리출토품 · 본촌리출토품 → 수당리 6호 출토품 → 구순각목문'으로 배열이 가능하다.

송죽리 · 본촌리 출토품들은 돌대가 구연상단까지 올라가 있으며 돌대의 두께도 상당히 얇은 것이 특징인데, 각목돌대문의 퇴화형식으로 추정된다. 수 당리 6호 출토품은 돌대가 완전히 사라졌으며 구순이 구연상단에서 구연외 곽에 걸쳐 시문되어 있다. 이런 문양의 형식 배열은 공반관계에서도 나타나는 데, 수당리 6호 출토품은 절상각목돌대문과 공반되며, 김천 송죽리유적의 퇴 화돌대문토기들은 각목돌대문 · 구순각목문과 공반된다. 따라서 남한 청동기 시대 구순각목문의 계통적 조상은 각목돌대문토기로 보는 것이 합리적이다.

3. 조기 토기의 문양구성

기존의 조기 토기에 대한 연구성과를 참고하면, 한강유역과 금강유역 이외의 지역의 양상도 금강유역이나 한강유역의 양상과 대동소이하다. 따라서 조기의 토기 구성은 (각목, 절상)돌대문토기, 이중구연토기(요동계, 가락동식)가 중심이고 공열문(돌유문)토기와 구순각목문토기가 간헐적으로 확인되는 양상으로 볼 수 있다. 주지하다시피 이러한 토기의 구성은 그 기원지로 알려진 서북지방(압록강-청천강유역)의 구성과 매우 유사하다.

조기의 토기구성은 크게 전반과 후반으로 구분할 수 있는데, 후반의 시작은 구순각목문과 가락동식토기의 출현시점으로 볼 수 있다. 가락동식토기(이중구연단사선문토기)에 구순각목문 또는 공열문이 결합되면서 흔암리식토기(이중구연단서선문+공열·구순각목문)로 양식적인 변화를 한다고 생각하는데 이에 대해서는 뒤에서 고찰하고자 한다.

〈표 7〉 남한 청동기시대 조기의 토기 구성

		AMS연대 (BP)	돌대문 토기류	이중구연 (단사선문 · 거치문)토기		공열문 (돌유문)	구순 각목문
				요동계	가락동식		
조기	전반	3300?~3100	●	●		●	
	후반	3100~3000?	●	●	●	●	●

Ⅲ
호서지역 전기 무문토기의 변천과정

남한 전기 무문토기의 변천과정을 살펴보기 위하여 비교적 유적의 조사예가 풍부한 호서지역 무문토기 변화상을 살펴보고자 한다. 뒤에서 다룰 송국리유형과 관련된 유적은 검토대상에서 제외하였다.

1. 편년

주지하다시피 엄격한 의미에서 토기의 문양은 토기를 구성하는 하나의 속성이다. 그러므로 토기형식의 편년을 위해서는 토기의 기형도 함께 분석하는 것이 더 좋은 효과를 얻을 수 있다고 생각되지만, 분석대상지역의 시문된 토기 중에서 기형을 알 수 있는 것은 많지 않았다. 그리고 토기 문양은 토기의 기능과 그다지 상관이 없지만, 토기의 기형은 토기의 기능과 밀접한 관련이 있다. 따라서 양자는 서로 다른 기준과 방향성을 가지고 변천한다고 볼 수 있으며, 이는 양자가 서로 독립해서 변천한다는 것을 의미한다. 그리고 전기를 구성하는 토기형식인 흔암리식, 가락동식, 역삼동식 등의 구분도 사실은 기형의 차이에 의해 설정된 토기형식이 아닌 문양의 차이에 의해 설정된 토기형식이므로 토기 형식이기보다는 토기 문양의 형식이라 할 수 있으며, 실제로 형식 사이의 명확한 토기 기형 차이는 없다. 그러므로 본고에서는 토기의 문양을 하나의 독립된 種으로 간주하고 논의를 진행하고자 하며, 본고에서의 토기형식과 문양형식은 동일한 개념으로 사용하고 있음을 밝혀둔다.

무문토기의 문양은 1~4개의 단순하고 추상적인 문양이 조합된 것이고, 개개 문양 자체의 형태에서는 뚜렷한 변화를 인지할 수 없다. 따라서 문양의 형태가 시간성을 반영하는 것이 아닌, 문양의 조합형태가 시간성을 반영하며, 토기문양을 편년하는데 있어 그 변화를 뚜렷하게 인지할 수 있는 문양은 2개 이상의 문양이 복합된 문양이라 할 수 있다. 그리고 1개의 문양만 시문된 토기와 4개의 문양이 조합된 토기가 공반되는 경우가 적지 않은데, 이것은 문양의 변천이 '단독 → 복합' 또는 '복합 → 단독'이라는 이분법적이고 단순한 원리로 이루어지지 않는다는 것을 의미한다.

이렇게 변화의 방향성이 복잡한 경우에는 분석대상 자료를 일괄하는 것보다 몇 개의 하위단위로 구분하여 편년하는 것이 좀 더 효율적이며, 무문토기문양의 경우에는 하위단위를 복합문양과 단독문양으로 나누는 것이 적절한 구분이라 생각된다. 이렇게 무문토기문양을 복합문양과 단독문양으로 구분할 경우에 비교적 문양의 조합양상의 비교가 쉬운 복합문양을 편년하는데 매우 유리하다는 장점이 있지만, 단독문양은 1개의 속성만으로 구성되므로 문양의 형태비교에 의한 편년이 어렵다는 단점이 있다. 그러나 이러한 단점은 공반관계나 탄소연대를 통해 보완된다면 어느 정도 해소될 수 있다고 생각된다. 따라서 본고에서는 호서지역 전기의 무문토기문양을 크게 복합문양과 단독문양으로 구분하고자 한다.

복합문양은 이중구연·단사선·구순각목·공열문 등의 4가지 문양이 2개이상 조합된 것이며, 단독문양은 이중구연·단사선·구순각목·공열문이 단독으로 시문된 것이지만, 실제로 유적에서 확인되는 단독문양은 이중구연을 제외한 단사선·구순각목·공열문이다. 그 외 앞의 복합문양과 단독문양에 포함되지 않는 문양은 기타문양으로 일괄하여 살펴보겠다.

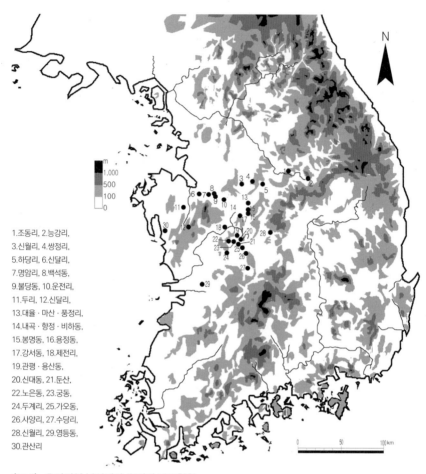

1.조동리, 2.능강리,
3.신월리, 4.쌍정리,
5.하당리, 6.신달리,
7.명암리, 8.백석동,
9.불당동, 10.운전리,
11.두리, 12.신달리,
13.대율 · 마산 · 풍정리,
14.내곡 · 향정 · 비하동,
15.봉명동, 16.용정동,
17.강서동, 18.제전리,
19.관평 · 용산동,
20.신대동, 21.둔산,
22.노은동, 23.궁동,
24.두계리, 25.가오동,
26.사양리, 27.수당리,
28.신월리, 29.영등동,
30.관산리

〈도 4〉 호서지역 분석대상 유적의 분포현황

1) 복합문양의 편년

전술하였듯이 호서지역 무문토기의 복합문양을 구성하는 요소는 이중구연, 단사선, 구순각목, 공열문 4가지이다. 이 가운데 이중구연은 크게 구연이 두텁고 단면상에서 덧붙인 흔적이 뚜렷한 '이중구연1'과 구연이 얇고 홑구연에 가깝거나 이미 홑구연화 되어서 선으로 표현된 '이중구연2'로 구분할 수 있다. 따라서 복합문양은 이중구연1, 이중구연2, 단사선, 구순각목, 공열의 5개 속성으로 이루어진 것이며, 이 5개 속성의 조합양상에 따라 이중구연단사선문1·이중구연단사선문2·이중구연단사선구순각목·이중구연단사선구순각목공열문·이중구연단사선공열문·구순각목공열문 6개 형식이 존재한다. 서술의 편의상 이후 이중구연단사선문1은 Ⅰ식, 이중구연단사선문2는 Ⅱ식 이중구연단사선구순각목문은 Ⅲ식, 이중구연단사선구순각목공열문은 Ⅳ식, 이중구연단사선공열문은 Ⅴ식, 구순각목공열문은 Ⅵ식으로 부르기로 한다.

이렇게 설정한 형식을 앞에서 설정한 속성배열인 '이중구연1 → 이중구연2 → 구순각목 → 공열'에 따라 배열하였는데, 속성배열상에서 Ⅳ식과 Ⅴ식은 선후관계가 분명하지 않다고 볼 수 있으므로 복합문양의 형식은 Ⅰ→Ⅱ→Ⅲ→Ⅳ·Ⅴ→Ⅵ식순으로 배열할 수 있다.

필자는 복합문양의 형식배열을 검증하는 방법으로 먼저 복합문양 간의 공반관계를 검토하였다. 6개 형식이 2개 이상 함께 공반될 수 있는 경우의 수는 무수히 많지만, 실제 유적에서는 확인된 공반관계는 8개이다. 8개의 공반관계를 통해 다음과 같이 형식배열을 설정하였다.

〈표 8〉 복합문양의 속성

문양의 형식 \ 속성		이중구연1	이중구연2	단사선	구순각목	공열
이중구연단사선문1	Ⅰ	●		●		
이중구연단사선문2	Ⅱ		●	●		
이중구연단사선구순각목문	Ⅲ		●	●	●	
이중구연단사선구순각목공열문	Ⅳ		●	●	●	●
이중구연단사선문공열	Ⅴ		●	●		●
구순각목공열문	Ⅵ				●	●

형식	I	II	III
문양	이중구연단사선문1	이중구연단사선문2	이중구연단사선구순각목문
도면			

형식	IV	V	VI
문양	이중구연단사선구순각목공열문	이중구연단사선공열문	구순각목공열문
도면			

〈도 5〉 복합문양의 형식분류

형식	공반관계							
I	●							
II	●	●						
III		●	●	●	●			
IV			●	●			●	●
V						●		
VI				●	●	●	●	●

〈도 6〉 복합문양간의 공반관계

일단, Ⅰ식에서 Ⅳ식까지의 배열과 Ⅵ식이 Ⅳ식의 뒤에 위치한다는 것은 공
반관계에서도 나타나고 있다. 문제는 Ⅴ식의 순서인데, Ⅴ식은 Ⅳ식과 Ⅵ식
하고만 공반되므로 Ⅳ식 또는 Ⅵ식과 同順으로 볼 수 있다. 그런데 Ⅴ식은 전

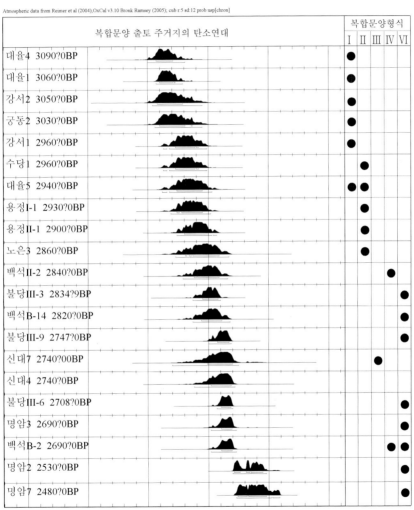

<도 7> 복합문양 출토 주거지의 탄소연대 배열

체 출토량이 3점에 불과하고 구순각목문이 없다는 것을 제외하면 나머지 이 중구연단사선의 형태와 공열문의 위치·간격은 Ⅳ식과 차이가 없으므로 크게 보면 Ⅴ식은 Ⅳ식의 亞형식일 가능성이 높다. 그러므로 Ⅳ식과 동순으로 묶고 자 하며, 최종적으로 복합문양의 형식배열은 Ⅰ→Ⅱ→Ⅲ→Ⅳ·Ⅴ→Ⅵ식 순으 로 설정할 수 있겠다. 물론 그 역순인 Ⅵ→Ⅴ·Ⅳ→Ⅲ→Ⅱ→Ⅰ식 순도 설정 가 능한 형식배열이다.

다음은 전술한 형식배열을 검증하기 위하여 탄소연대 값을 이용하였다. 복 합문양이 출토된 주거지 중에서 탄소연대 값이 있는 주거지는 모두 21동인 데, 출토량이 가장 적은 Ⅴ식은 탄소연대 값이 제시된 주거지가 없었다. Ⅰ· Ⅱ·Ⅲ·Ⅳ·Ⅵ식이 출토된 주거지의 탄소연대(BP)를 Oxcal(v3.10, 2005)[9]로 보정한 후, 이를 연대순으로 배열하였다(도 7).

그 결과 복합문양 형식을 Ⅰ→Ⅱ→Ⅲ→Ⅳ·Ⅴ→Ⅵ식 순으로의 배열과 부합 하는 것으로 나타났다. 다만, 시료가 많지 않은 관계로 Ⅲ·Ⅳ식의 선후관계 는 불분명하게 나타났지만, Ⅲ·Ⅳ식이 Ⅱ식보다는 늦고 Ⅵ식보다는 이른 형 식이란 것은 잘 나타나고 있다. 공반관계에서 복합문양의 형식은 Ⅰ→Ⅱ→Ⅲ →Ⅳ·Ⅴ→Ⅵ식 순으로 배열되지만, Ⅲ식과 Ⅳ·Ⅴ식 간의 실제 시간차는 미 미할 가능성이 있다.

2) 단독문양과 기타문양의 편년

호서지역에서 확인된 단독문양은 단사선문·구순각목문·공열문(돌유문)이 다. 단독문양은 서로 간에 형태적으로 유사성이 전혀 없기 때문에 형식학적 인 방법으로 편년 할 수 없다. 그러므로 공반관계와 탄소연대 값을 통해 그 출 현시점을 추론해 보겠다. 공열문은 연구자에 따라 돌유문을 따로 구분하기도 하지만, 검토대상 유적에서 돌유문만 확인된 예는 없고 돌유문과 공열문이

---

9) IntCal04 곡선을 보정곡선으로 이용한 것이다.

혼재하거나 공열문만 확인되는 양상이라 본고에서는 구분하지 않고 공열문으로 일괄하였다.

〈표 9〉 공열문의 투공 형태와 공반양상

	내반투공	외반투공	완전투공
조동리유적	28	19	8
관산리유적	1	1	18
운전리유적			11

먼저, 구순각목문과 공열문은 모든 복합문양과 함께 출토되므로 가장 오랜 시간 동안 유행한 단독문양이다. 공열문은 복합문양 II~VI식하고 공반되지만, III~VI식까지 공반되는 비율이 상대적으로 높다. 단사선문은 III · VI식과 1회씩 공반되었지만, 전체적인 수량이 7점에 불과하므로 복합문양하고의 공반관계만을 통해 출현시점을 결정하기 어렵다.

〈표 10〉 복합문양과 단독문양의 공반관계
(단위-회)

복합문양 단독문양	I	II	III	IV · V	VI
구순각목	1	14	7	3	19
공열		1	4	4	16
단사선			1		1

〈표 11〉 단독문양 간의 공반관계(A:단사선문, B:구순각목문, C공열문, 단위-회)

	단사선문	구순각목문	공열문
단사선		1	
구순각목문	1		13
공열문		13	

일단, 복합문양과의 공반관계를 통해 보면 구순각목문이 공열문보다 출현시점이 다소 이르다고 볼 수도 있으나, 조기 유적에서 공열문이 확인된 예가 많기 때문에 단정할 수 없다. 단사선문은 출토량이 많지 않으므로 짧은 기간 동안 일시적으로 유행했던 문양으로 생각해 볼 수 있다.

단사선문은 단독문양에 속하지만, 형태적으로 보면 오히려 복합문양의 II식(이중구연단사선문2)과 유사성을 찾을 수 있고 출현시점도 II식보다 이르지 않으므로 복합문양 II식에서 이중구연이 완전히 퇴화되어 생겨난 형식으로 추정된다.

문양	이중구연거치점열문	이중구연거치문	이중구연점열문
도면			
수량	1점	4점	1점
공반문양		단사선문	
문양	점열횡침선문	공열어골문	
도면			
수량	1점	1점	
공반문양	Ⅲ식	구순각목문	

〈도 8〉 기타문양의 출토현황과 공반관계(축척부동)

  기타문양은 횡대구획문으로도 불리고 있으며(2007) 그 기원을 요동지역에서 찾기도 한다. 전체적인 출토량은 복합문양이나 단독문양에 비해 매우 빈약하며, 그 수량에 비해 다양한 형태의 문양이 존재하므로 서로간의 상대편년을 결정하기 어려운 점이 있다. 따라서 기타문양을 형식분류하는 것은 그다지 큰 의미가 없다. 그리고 기타문양 개개의 상대편년은 본고의 주제와 관련이 없으므로 기타문양 전체의 존속기간에 대해서만 간단히 검토하고자 한다.
  기타문양의 존속기간을 추론하기 위하여 복합·단독문양과의 공반양상을 살펴보았다. 기타문양은 복합문양 Ⅲ식과 단사선문하고만 공반된다. 그러므로 기타문양의 전체적인 유행시기는 이중구연구순각목공열문(Ⅳ식) 출현 이전으로 한정된다 할 수 있다.

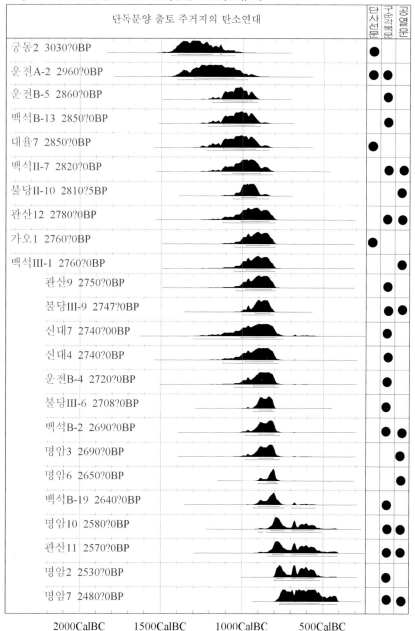

Atmospheric data from Reimer et al (2004);OxCal v3.10 Bronk Ramsey (2005); cub r:5 sd:12 prob usp[chron]

단독문양 출토 주거지의 탄소연대

	단사선문	구순각목문	공열문
궁동2 3030?0BP	●		
운전A-2 2960?0BP	●	●	
운전B-5 2860?0BP		●	
백석B-13 2850?0BP		●	
대율7 2850?0BP	●		
백석II-7 2820?0BP		●	●
불당II-10 2810?5BP			●
관산12 2780?0BP		●	●
가오1 2760?0BP	●		
백석III-1 2760?0BP			●
관산9 2750?0BP		●	
불당III-9 2747?0BP		●	●
신대7 2740?00BP		●	
신대4 2740?0BP		●	
운전B-4 2720?0BP		●	
불당III-6 2708?0BP		●	
백석B-2 2690?0BP		●	●
명암3 2690?0BP			●
명암6 2650?0BP			●
백석B-19 2640?0BP		●	
명암10 2580?0BP		●	●
관산11 2570?0BP		●	●
명암2 2530?0BP		●	
명암7 2480?0BP		●	●

2000CalBC   1500CalBC   1000CalBC   500CalBC

Calibrated date

〈도 9〉 단독문양 출토 주거지의 탄소연대 배열

2. 계통 및 단계설정

다음은 토기의 계통관계를 살펴보자. 앞에서 살펴본 바와 같이 복합문양과 단독문양에서 그 선후관계가 비교적 뚜렷하게 나타나는 것은 복합문양이다. 이와 같은 사실은 기존 연구자들의 형식·유형구분이 복합문양에서는 대체로 일치하지만 단독문양에서는 일치하지 않는 경향에서도 알 수 있다. 따라서 기존의 가락동식·흔암리식·역삼동식토기 등의 형식(군)명은 〈표 12〉와 같이 복합문양이 시문된 토기에 한해 사용하는 것이 합리적이며, 이후 본고에서는 요동계이중구연토기, 가락동식토기, 흔암리식토기, 역삼동식토기라는 형식명을 사용하기로 한다.

〈표 12〉 복합문양의 토기형식 구분

형식명	요동계 이중구연토기	가락동식토기	흔암리식토기	역삼동식토기
문양	이중구연단사선문	이중구연단사선문	이중구연단사선구순각목문 이중구연단사선구순각목공열문 이중구연공열문	구순각목공열문
도면				

호서지역 무문토기토기의 변천과정은 한마디로 요동계이중구연토기가 퇴화되어 가락동식토기가 되고 가락동식토기에 구순각목, 공열이 차례로 추가

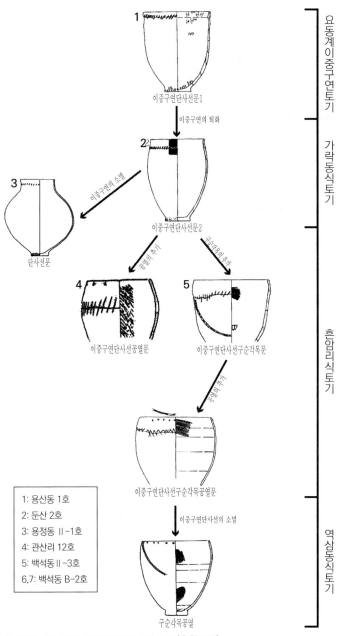

요동계이중구연토기

가락동식토기

흔암리식토기

역삼동식토기

1

이중구연단사선문1

이중구연의 퇴화

2

이중구연의 소멸

3

단사선문

이중구연단사선문2

공열의 추가

구순각목의 추가

4

이중구연단사선공열문

5

이중구연단사선구순각목문

공열의 추가

이중구연단사선구순각목공열문

이중구연단사선의 소멸

1: 용산동 1호
2: 둔산 2호
3: 용정동 II-1호
4: 관산리 12호
5: 백석동 II-3호
6,7: 백석동 B-2호

구순각목공열

〈도 10〉 호서지역 전기 무문토기의 계통(축척부동)

되고 이중구연단사선이 퇴화되어 역삼동식토기가 되는 과정이라 할 수 있다. 변천과정에서 새롭게 추가되는 요소는 구순각목문과 공열문인데, 요동계이중구연에서 가락동식으로 변화(구연부가 두터운 이중구연1에서 얇아진 이중구연2로 변함)는 기형 상으로 토기의 구연부가 구순각목과 공열이 시문되기에 유리한 형태로 된다는 것을 의미한다. 즉, 이중구연의 퇴화는 구순각목과 공열이 시문되기 위한 전제조건으로 볼 수 있는 것이다.

그러므로 토기 형식의 계보는 '요동계이중구연토기 → 가락동식토기 → 흔암리식토기 → 역삼동식토기'로 추론할 수 있으며, 흔암리식토기는 가락동식토기가 역삼동식토기로 변천하는 과정에서 나타나는 다양한 복합문양 형식으로 이해할 수 있다. 그리고 본고에서는 가락동식·흔암리식·역삼동식 등의 토기 형식은 지역적 토기형식을 지칭하는 개념이 아닌, 型式이 가지는 그 자체의 개념인 시간적인 변천단계를 의미하는 것으로 보고자 한다. 앞에서 고찰한 금강유역 조기와 본장의 내용을 종합하면 호서지역 조기~전기의 문양구성은 〈표 13〉과 같다.

〈표 13〉 호서지역 조기~전기 무문토기 문양구성 및 단계 설정

단계	복합문					단독문			주요 유구
	돌대문 토기류	요동계 이중구연	가락 동식	흔암 리식	역삼 동식	이중 구연	공열 (돌류문)	구순 각목	
I	●	●				●	●		강서1, 강서2, 궁동2, 대율1, 대율4, 대평리A12, 대평리A5, 대평리B12, 대평리B13, 대평리B4, 대평리B8, 대평리C1, 대평리C3, 송산리2, 송산리1, 원신흥동1, 원신흥동3
II	●	●	●			●	●	●	대율5, 대율7, 보통리3, 보통리5, 비하동II5, 용산동1, 용정동II7
III			●	●			●	●	제천리1·2, 두계리4, 수당리1, 둔산2, 용정동II-1, 관평동I2·II9, 노은동1, 신대동7

단계	복합문					단독문			주요 유구
	돌대문 토기류	요동계 이중구연	가락 동식	흔암 리식	역삼 동식	이중 구연	공열 (돌류문)	구순 각목	
IV			●	●	●		●	●	운전리, 관산리, 백석동1단계
V					●		●	●	백석동2단계, 불당동, 명암리

Ⅰ단계는 돌대문토기와 요동계이중구연토기, 공열문(돌유문)이 유행하는 단계이다. Ⅱ단계는 Ⅰ단계의 문양구성에 요동계이중구연토기의 퇴화형식인 가락동식토기와 각목돌대문의 퇴화형식인 구순각목문이 새롭게 출현하는 단계이다. Ⅲ~Ⅴ단계는 가락동식토기, 흔암리식토기, 역삼동식토기가 유행하는 단계인데 이 삼자의 조합에 따라 구분된다. Ⅲ단계는 가락동식토기와 흔암리식토기가 중심을 이루는 단계이고 Ⅳ단계는 새롭게 역삼동식토기가 출현하여 가락동식 또는 흔암리식토기와 공존하는 단계이다. 그리고 Ⅴ단계는 역삼동식토기로만 이루어지는 단계이다.

단독문양인 공열문(돌유문)은 Ⅰ단계부터 Ⅴ단계까지 전시기에 걸쳐 확인되는 문양이며, 구순각목문도 Ⅱ단계부터 Ⅴ단계까지 전시기에 걸쳐 확인된다. 한편, Ⅴ단계 이후는 후기에 해당되며 송국리문화기이다.

〈표 14〉 호서지역 분석대상유구 현황

유물 / 주거지	복합문양						단독문양			기타문양					적색마연토기	대부호	석촉		
	Ⅰ	Ⅱ	Ⅲ	Ⅳ	Ⅴ	Ⅵ	단사선문	구순각목문	공열	돌대문	이중구연거치	점열횡침선	점열문횡침선	공열어골횡침선			무경식	이단경식	일단경식
가오4								3							1				
강서1	3														1		2		
강서2	2																		
관산4			4	1											1		2	3	1

유물 주거지	복합문양						단독문양			기타문양					적색마연토기	대부호	석촉		
	I	II	III	IV	V	VI	단사선문	구순각목문	공열	돌대문	이중구연거치	점열횡칭선	점열문횡침선	공열어골횡침선			무경식	이단경식	일단경식
관산6				2		3			1										
관산8				1													2		
관산9								1											
관산10				1															
관산11							1	1										2	
관산12					2	1	1	1											
관산13			1				1		1								3	2	
관평 I 2			1																
관평 II 3							1											2	
관평 II 9			1																
관평 II 10									1										1
궁동2							1						1						
내곡			1																
노은(충)1		1																	
노은(충)3		1											1				1	1	
노은(충)4																	1	2	
노은(충)8																		2	
노은(충)10																		3	
능강1							1						1						
능강3																		1	
대율1	2																1	1	
대율2	1											1							
대율4	1																		
대율5	1	2																	
대율7							1				1								
대율9																	1		
두계3																		1	

	복합문양						단독문양			기타문양					적색마연토기	대부호	석촉		
주거지	I	II	III	IV	V	VI	단사선문	구순각목문	공열	돌대문	이중구연거치	점열횡칭선	점열문횡침선	공열어골횡침선			무경식	이단경식	일단경식
두계4		1																	
두리1			1															1	
두리3																		1	
둔산1			2									1				1			
둔산2		2															2		
마산1	1	1																	
명암2						2											1		
명암3						4			7						4			3	1
명암4						2			4						2			2	1
명암6									5										
명암7						2		1	4						4			1	
명암10								1	2										
명암11																			
명암12						1			1										
명암13						3		6							1			1	
명암14						1			1						1				
백석 I 1						1		1											
백석 I 2															1				
백석 I 3								1							1			1	
백석 I 4																			
백석 I 5									1										
백석 I 10								1	1						1				
백석 I 11			1	1		2									1				1
백석 I 13						1			1									1	
백석 I 14																	1		
백석 I 15			1			1			1							1			
백석 I 16								2							1				1

유물 / 주거지	복합문양						단독문양			기타문양					적색마연토기	대부호	석촉		
	I	II	III	IV	V	VI	단사선문	구순각목문	공열	돌대문	이중구연거치	점열횡칭선	점열문횡침선	공열어골횡침선			무경식	이단경식	일단경식
백석 I 17							4	1								1	1	1	
백석 I 19									2										
백석 I 23							1	1								1	1		
백석 II 1							2												
백석 II 2				2			1										2		
백석 II 3			1						2								1		
백석 II 4								1											
백석 II 5			1												1				
백석 II 6								1	1									1	
백석 II 7								2	1								1	1	
백석 II 9									2										
백석 III 1									2										
백석 III 2			1																
백석 III 4				1															
백석 III 5															1				
백석 III 6			1																
백석 III 9																		1	
백석 IV 1								1											
백석 IV 2							4	1	3								1		
백석 IV 3									2								1	1	
백석 IV 4								1							2	1			
백석 A2								1											
백석 A3				1															
백석 A4		1	1	1				2									1		
백석 A5				1														1	
백석 A6			1					2	3	1									
백석 A7																		1	

유물 / 주거지	복합문양						단독문양			기타문양					적색마연토기	대부호	석촉		
	I	II	III	IV	V	VI	단사선문	구순각목문	공열	돌대문	이중구연거치	점열횡청선	점열문횡침선	공열어골횡침선			무경식	이단경식	일단경식
백석A9																		1	
백석A11																		1	
백석B1								1											
백석B2			1			10		1	1						1			1	
백석B3						2			2										
백석B4																	1		
백석B7															1				
백석B9						4													
백석B10																1			
백석B11						1		1									1		
백석B12			1			2											1	1	1
백석B13								2											
백석B14						1													
백석B15																1			
백석B16																		1	
백석B18		1																	
백석B19								2							2				
백석B20		1																	
백석B21							1												
불당II1							1												
불당II2							2												
불당II8									2										
불당II10									3										
불당II11																			1
불당II20							1	1	2									1	
불당III1						3		1											
불당III2								1											

유물 / 주거지	복합문양						단독문양				기타문양				적색마연토기	대부호	석촉		
	I	II	III	IV	V	VI	단사선문	구순각목문	공열	돌대문	이중구연거치	점열횡침선	점열문횡침선	공열어골횡침선			무경식	이단경식	일단경식
불당III3						1													
불당III5								1											
불당III6						1	1												
불당III7						2			3						1				
불당III8								3											
불당III9						7		2	4										
불당III10						4	1								1				
불당III11								1										1	
불당III13								1										1	
사양4		4						2										2	
상장4																		2	
수당1		1														1		1	
수당6								1	2										
신달1																		1	1
신대동4								3					1						
신대동6																1		2	2
신대동7			1					4								1			
신월2								1											
신월3																		1	1
신월5																		1	
신월9																		1	1
쌍정II8								1											1
영등I2		1						3											
영등I3			2					2		1					3		4	1	
영등I17	2																		1
영등II7	1		1												1		1	3	4

유물 / 주거지	복합문양						단독문양			기타문양					적색마연토기	대부호	석촉		
	I	II	III	IV	V	VI	단사선문	구순각목문	공열	돌대문	이중구연거치	점열횡칭선	점열문횡침선	공열어골횡침선			무경식	이단경식	일단경식
용산동1	1	4													1				
용정 I 1		3																	
용정 II 1		1																	
용정 II 4																	1		
용정 II 7	1							1										1	
용정 II 8			1					1											
용정 II 9									1										
용정 II 10																	1		
용정 II 11							2												
운전A2			1				1	1	4										
운전B2							1	1											
운전B4			2				1	1											
운전B5							1												
운전C3							1									1			
제천1		2																	
제천2		3														1			
조동1															2		2		1
조동2								1	1						1				
조동3			1						5						1		1	2	
풍정																	1		
하당1								2									1		
하당4															1				
하당5								2							1		2	1	
하당6															2				
황단7																	1		

Ⅳ
조기~전기 무문토기의 변천과정

Ⅳ장에서는 호서지역을 제외한 다른 지역의 조기~전기 무문토기의 변천과정을 고찰해보고자 한다. 검토 대상지역은 〈도 11〉에 표시한 것과 같이 한강유역, 금호강유역, 형산강·태화강유역, 남강유역, 호남지역, 강원지역이다. 후기로 편년되는 송국리단계의 유적은 검토 대상유적에서 제외하였다.

1. 한강유역

한강유역은 행정지역상 강원 영서, 경기, 서울지방에 해당되지만 경기지역의 조사예가 많아 서쪽에 몰려있다. 토기의 전반적인 구성과 변화상은 호서지역과 대동소이 하지만, 상대적으로 가락동식토기보다 역삼동토기의 출토 비율이 높은 것이 특징이다. AMS연대상에서 BP.3000년을 상회하는 유적이 상당수 확인되기 때문에 남한에서 조기의 문화가 가장 이른 시점에 출현한 지역 중에 하나이다.

문양의 공반관계, AMS연대 등을 고려할 때 복합문 중에는 돌대문과 요동계이중구연의 출현이 가장 이르고 역삼동식토기의 출현이 가장 늦다. 단독문

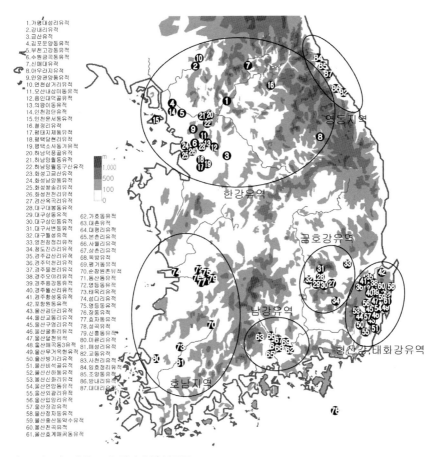

1.가평대성리유적
2.강내리유적
3.금산유적
4.김포양동유적
5.부천고강동유적
6.수원골곡동유적
7.신매대유적
8.아우라지유적
9.안양관양동유적
10.연천삼거리유적
11.오산내삼미동유적
12.용인대덕골유적
13.의왕이동유적
14.인천검단유적
15.인천문서동유적
16.형리유적
17.평택지제동유적
18.평택당현리유적
19.평택소사동가유적
20.하남덕풍골유적
21.하남망월동유적
22.하남망월동구산유적
23.화성고금산유적
24.화성남양동유적
25.화성반송유적
26.화성천천리유적
27.대구옥곡리유적
28.대구대봉동유적
29.대구상동유적
30.대구상인동유적
31.대구서변동유적
32.대구월성유적
33.영천청정리유적
34.청도진라리유적
35.경주덕천리유적
36.경주동천리유적
37.경주월산리유적
38.경주오야리유적
39.경주용강동유적
40.경주월산리유적
41.경주황성동유적
42.포항원동유적
43.울산검단리유적
44.울산교동리유적
45.울산구영리유적
46.울산굴화리유적
47.울산달천유적
48.울산매곡동유적
49.울산무거목제유적
50.울산방기리유적
51.울산비석골유적
52.울산산하동유적
53.울산신화리유적
54.울산연암동유적
55.울산외광리유적
56.울산입암리유적
57.울산장검유적
58.울산정자동유적
59.울산중산동약수유적
60.울산천곡유적
61.울산호계매곡동유적

62.가호동유적
63.대촌유적
64.대평리유적
65.본촌리유적
66.사월리유적
67.상촌리유적
68.목방유적
69.평거동유적
70.순창원촌유적
71.동산동유적
72.영등동유적
73.태목리유적
74.섬다리유적
75.영등동유적
76.장동유적
77.효자동유적
78.성곡유적
79.신흥동유적
80.이륜리유적
81.매성리유적
82.교동유적
83.사천리유적
84.임호정리유적
85.조양동유적
86.방내리유적
87.대대리유적

〈도 11〉 검토대상 조기~전기 유적 분포도

양은 이중구연은 비교적 빨리 소멸하지만, 공열문과 구순각문은 전 시기에 걸쳐 확인된다. 따라서 전반적인 토기양식의 변화는 돌대문토기 중심에서 역삼동식토기 중심으로 변천하는 것이다. 이러한 양식적인 변화와 공반관계를 고려하여 Ⅰ~Ⅴ단계로 단계를 구분하였다(표 15). 그리고 검토대상 주거지를 AMS연대에 따라 순서배열한 것이 〈표 16〉이다. AMS연대와 공반관계 상에서도 돌대문이 가장 이르고 역삼동식토기가 늦은 것으로 나타났으며 단독문에서도 구순각목문의 출현이 가장 늦은 것으로 나타났다.

〈표 15〉 한강유역의 무문토기 문양구성의 공반관계 및 단계

단계	복합문					단독문		
	돌대문	요동계이중구연	가락동식	흔암리식	역삼동식	이중구연	공열(돌유)	구순각목
I	●	●				●	●	
II	●	`	●			●	●	●
III			●				●	●
IV			●	●	●		●	●
V					●		●	●

〈표 16〉 조기~한강유역 전기 주거지 순서배열

탄소연대(BP)		∧각목·절상∨돌대문	복합문				단독			주거지		
			요동계이중구연토기	가락동식토기	이중구연단사선+∧구순·공렬∨	구순각목공렬	이중구연	구순각목	공열	초석기둥	위석식노	토광식노
3430±50	철정c5	●								●	●	
3370±50	인천 운서동III5		●									●
3360±40	미사리A-1	●									●	
3360±40	미사리011	●									●	
3120±80	외삼포5	●	●	●							●	
3110±60	청정c1	●			●					●	●	
3110±50	철정A12	●	●							●	●	
3080±60	외삼포3	●									●	
3070±50	철정A21	●			●						●	
3020±80	천전2	●							●			●
3020±40	현암1,3	●									●	
3010±60	아우라지1	●	●	●	●						●	
3000±60	연하1	●									●	
3000±50	철정A22								●			●
3000±50	철정A11	●			●					●	●	

탄소연대(BP)		∧각목·절상∨돌대문	복합문				단독			주거지		
			요동계이중구연토기	가락동식토기	이중구연단사선+∧구순·공렬∨	구순각목공열	이중구연	구순각목	공열	초석기둥	위석식노	토광식노
2980±50	신매대26					●					●	●
2945±20	대성25						●				●	
2945±20	가평 대성						●				●	
2940±50	신매대17							●	●			●
2930±50	연천 삼거리9		●		●							●
2930±50	평택 소사동 다7		●	●								●
2930±40	주천17	●									●	
2920±80	용인 대덕골4					●						●
2910±50	천전10	●	●									●
2900±60	인천 검단2-1						●					●
2900±50	아우라지13	●								●	●	
2890±60	수원 금곡동1-12					●		●	●			●
2890±50	신매대18							●	●			?
2880±60	신미제1	●						●		●	?	
2880±60	화성 고금산1					●		●				●
2880±50	철정A54							●	●		●	●
2880±50	아우라지2		●	●			●				●	
2880±40	금산B4			●				●			●	
2870±50	안양 관양동5					●		●				●
2870±40	하남 망월동4							●				●
2860±40	하남 망월동3							●				●
2850±60	평택 소사동 가2						●					?
2850±60	수원 금곡동1-5					●						●
2850±50	평택 소사동 가14					●		●				●
2850±50	금산B1										●	
2850±50	화성 쌍송리21					●		●				●

탄소연대(BP)		∧각목·절상∨돌대문	복합문				단독			주거지		
			요동계이중구연토기	가락동식토기	이중구연단사선+∧구순·공렬∨	구순각목공열	이중구연	구순각목	공열	초석기둥	위석식노	토광식노
2840±40	강내리6		●						●			●
2840±40	금산A2			●			●		●		●	
2810±50	아우라지8	●	●				●			●	●	
2805±20	가평 대성리17								●			●
2800±60	천전8	●					●					●
2800±50	천전7	●	●							?	?	?
2800±40	화성 천전리6					●		●	●			
2790±60	수원 금곡동1-18					●		●	●			●
2790±40	금산A1	●				●		●			●	
2770±50	화성 남양동5-1					●		●	●			●
2770±40	화성 천전리7					●		●				●
2770±40	하남 망월동2					●		●				●
2765±20	오산 내삼미동2-14				●	●		●				●
2760±60	하남 망월동 구산2								●			●
2730±60	수원 금곡동1-3					●		●				●
2720±30	하남 망월동1					●		●	●			●
2720±20	평택 당현리2							●				●
2710±50	화성 쌍송리26				●	●		●	●			●
2710±50	의왕 이동10					●			●			●
2690±50	의왕 이동11					●						●
2690±20	평태지제동1					●			●			●
2690±20	평택 당현리3							●				●
2680±80	부천 고강동					●		●	●			●
2680±60	안양 관양동3					●			●			●
2670±60	하남 덕풍골2					●		●				●
2550±50	하남 덕풍골1					●						●

2. 금호강유역

금호강은 영천에서 발원하여 경산과 대구를 관통하여 낙동강과 합류하는 하천으로 동에서 서로 흐르는 하천이다. 행정구역상 대구·경산·영천에 해당된다. 이 지역은 송국리유형이 확인되는 지역으로 조~전기와 후기(송국리유형)가 명확하게 구분되는 지역이다.

금호강유역의 무문 금호강유역의 조기~전기 무문토기의 변화상도 앞에서 살펴본 한강유역의 변화상과 큰 틀에서 동일한 맥락이지만, 요동계이중구연토기가 확인되지 않고 돌대문토기 단계의 유적 수가 많지 않다는 차이점이 있다.

전반적으로 가락동식토기의 비율이 높고 역삼동식토기의 비율이 낮다는 점에서 호서지역의 양상과 유사하다. 가락동식토기를 금강유역의 지역양식으로 인식하는 견해가 있지만(이형원 2002; 천선행 2003), 필자가 확인한 바로는 대구·청도·경산지역에도 가락동식토기와 위석식노지 주거지가 광범위하게 퍼져있었다.

공반관계를 고려할 때, 복합문양의 출현순서는 돌대문이 이르고 역삼동식이 가장 늦으며, 단독문양에서는 이중구연이 가장 이르고 공열문이 늦게 출현하는 것으로 파악되었다. 기존의 편년연구(하진호 2013)도 필자의 인식과 대동소이하다. 문양구성의 단계는 Ⅰ~Ⅳ단계로 구분하였다.

〈표 17〉 금호강유역 무문토기 문양구성 및 단계설정

단계	복합문				단독문		
	돌대문	가락동식	흔암리식	역삼동식	이중구연	공열	구순각목
Ⅰ	●	●			●		
Ⅱ		●	●			●	●
Ⅲ		●	●	●		●	●
Ⅳ				●		●	●

<표 18> 금호강 유역 무문토기 문양 편년

	복합문					단독문					단소연대(BP)
	돌대문토기	가락동식	흔암리식	역삼동식	검단리식	이중구연	구순각목	공열	낟알	횡선	
월성566-1호	●					●					
삼덕3호	●					●					
봉산1호	●					●					
대천511-16호	●										3000±50
시지1호						●					
서변동28호						●					
봉무1호	●	●									
대구 상동(수성초)4호						●	●				
경산 옥곡리A42호		●					●				
서변동46호		●					●				
대봉동10호		●					●				
대구 상동(정화II)4호		●					●				
대구 상동(정화I)12호		●					●				
대구 상동(정화I)5호		●	●								
대구 상동(수성초)14호		●	●								
대구 대봉동16호		●	●				●				
대구 상인동7호		●					●				
대구 서변동48호		●					●	●			
대구 대봉동23호		●					●				
대구 상동(수성초)16호		●					●				
대구 상동(수성초)15호		●					●				
영천 청정3호				●			●	●			
경산 옥곡리A46호				●			●				
대구 대봉동19호							●	●			
대구 월성1호							●	●			
대구 서변동42호							●	●			
영천 청정4호							●	●			
청도 진라3호							●	●			2830±40

3. 형산강·태화강유역

형산강은 경주에서 발원하여 포항을 거쳐 동해로 나가는 서에서 동으로 흐르는 하천이다. 태화강은 울산 서쪽의 가지산에서 발원하여 동해로 나가는 서에서 동으로 흐르는 하천이다. 행정지역상으로는 경주-울산지역 일대에 해당된다.

형산강유역은 현재까지 송국리식 주거지가 확인되지 않은 지역이다. 금호강유역보다 문양구성이 다양하며 가락식토기(이중구연단사선문)와 단독 구순각목문의 비율이 금호강 유역보다 낮으며 반대로 단독 공열문은 높다. 금호강 유역에서는 확인되지 않는 낟알공열문과 낟알문이 확인된다.

태화강유역도 형산강유역과 마찬가지로 송국리유형이 분포하지 않는다고 알려져 있다.[10] 금호강유역과 마찬가지로 조기의 유적이 상대적으로 적은 편이어서 조기에서 Ⅰ, Ⅱ단계의 구분은 무의미하다. 요동계이중구연토기가 확인되지 않는 점에서 조기가 다른 지역보다 늦을 가능성이 있다. 전체적인 문양구성은 형산강유역과 유사하나 가락동계토기와 단독 구순각목문의 비율이 형산강유역보다 낮으며, 낟알공열문, 낟알문, 횡선문의 비율이 높다. 이른바 검단리식토기는 태화강을 중심으로 분포하는 것을 알 수 있다.

전반적인 문양의 변천과정은 인접한 금호강유역과 같은 맥락이지만, 구순각목문이 빨리 소멸하고 금호강유역에서 확인되지 않는 낟알문 계열의 문양이 확인된다는 점이 다르다. 낟알문은 '검단리식토기'의 전형적인 문양인데 대부분의 연구자가 전기의 다른 유문양토기들보다 늦은 것으로 보고 있다(배진성 2005; 이수홍 2005). 이러한 점을 참고하면 낟알문 계열의 문양을 가장 늦게 출현한 문양으로 볼 수 있으며, 공반관계에서도 그렇게 나타난다.

낟알문이 시문된 토기는 현재 학계에서 검단리식토기(이수홍 2005)로 통용

---

10) 검단리유적과 교동리유적 등에서 송국리식주거지가 1동씩 확인된 예가 있다.

되고 있으므로 낟알문이 복합 또는 단독으로 시문된 토기를 검단리식토기로 부르고자 한다. 형산강유역은 태화강유역에 비하여 검단리식토기의 비중이 낮지만, 전체적인 양상은 태화강유역과 유사하다. 형산강유역과 태화강유역은 Ⅰ~Ⅵ단계로 단계설정이 가능한데, AMS연대를 고려하면 Ⅴ단계부터는 다른 지역의 송국리단계와 병행하는 단계로 판단된다.

〈표 19〉 형산강, 태화강유역 무문토기 문양구성 및 단계설정

	복합문					단독문		
	돌대문토기	가락동식	흔암리식	역삼동식	검단리식	구순각목	공열	검단리식
Ⅰ	●	●					●	
Ⅱ		●	●			●	●	
Ⅲ		●	●	●	●	●	●	●
Ⅳ				●	●	●	●	●
Ⅴ					●		●	●
Ⅵ							●	●

〈표 20〉 형산강 · 태화강유역 무문토기문양의 편년

	각목돌대문	절상돌대문	이중구연단사선	이중구연단사선+문양	구순각목공열	낱알+문양	이중구연	구순각목	공열	낱알	탄소연대(BP)
구영리Ⅴ-1 28호	●						●		●		3010±60
경주 충효동2호	●	●									
경주 충효동3호		●									
달천5			?				●		●		2865±21
경주 갑산1호			●					●			
호계 매곡동25호			●						●		
경주 갑산2호			●	●				●	●		
가재골Ⅰ1			●	●		●					
천곡나1			●	●							

	각목돌대문	절상돌대문	이중구연단사선	이중구연단사선+문양	구순각목공열	낟알+문양	이중구연	구순각목	공열	낟알	탄소연대(BP)
경주 월산리(문)B14호			●	●							
경주 월산리(문)A6호			●	●				●	●		
경주 용강46호				●				●			
비석골1				●					●		2910±50
호계 매곡동13호				●							
교동 리유적3호				●							
교동(무학)9			●	●				●	●		2835±20
천곡나3			●	●					●		
교동리유적14호				●							
가재골 I 16				●		●					
굴화리백천들32호				●							
교동리유적9호				●						●	2780±20
신화리E-1,15			●		●						
경주 덕천20호			●		●			●	●		3010±60
경주 갑산8호			●	●	●				●		
경주 오유리호			●		●						
포항 원동2III7호			●		●				●		
경주 용강44호			●		●						
경주 덕천25호			●		●			●	●		2980±50 2940±50
경주 물천리4호				●	●			●			
장검 II 14				●	●	●				●	
경주 월산리(문)A7호					●			●	●		
경주 황성동II라12호						●				●	
경주 월산리(문)B25호					●				●		
경주 황성동II다1호						●			●		
경주 덕천11호					●				●		2990±50 2870±60
경주 황성동(강)4호									●	●	

	각목돌대문	절상돌대문	이중구연단사선	이중구연단사선+문양	구순각목공열	낟알+문양	이중구연	구순각목	공열	낟알	탄소연대(BP)
포호항대련(성)III3호					●				●		
경주 황성동II라9호					●				●		
가재골III19					●				●		
신화리E-1,45					●				●		
신화리III48호					●	●			●		
방기48					●				●		
외광리8					●				●		
가재골III26						●			●		
가재골I29						●			●		
산하동4						●			●		
가재골I17						●			●		
가재골II6						●			●		
매곡동508II13						●			●		
무거옥현C22호						●			●	●	
호계 매곡동42호						●				●	
호계 매곡동38호						●				●	2816±24
호계 매곡동84호						●				●	
호계 매곡동83호						●				●	
호계 매곡동71호						●			●		
굴화리백천들34호						●					2840±50
호계 매곡동46호						●			●		
호계 매곡동44호						●				●	
교동리유적73호						●				●	
호계 매곡동33호						●					2808±25
호계 매곡동32호						●			●		
호계 매곡동19호						●				●	
호계 매곡동8호						●					
호계 매곡동7호						●					

	각목돌대문	절상돌대문	이중구연단사선	이중구연단사선+문양	구순각목공열	낟알+문양	이중구연	구순각목	공열	낟알	탄소연대(BP)
호계 매곡동4호						●			●	●	
교동리유적75호						?				●	
가재골III24						●			●	●	
매곡동508III11						●			●		
신화리III6호						●					
매곡동508II2						●				●	
매곡동508 I 1						●				●	
매곡동330-2,17						●			●	●	
가재골II9						●				●	
중산동약수II30						●				●	
무거옥현C46호									●		
호계 매곡동64호									●		2843±27
호계 매곡동6호									●		
교동리유적7호									●		
방기24									●	●	
정자동32									●	●	
검단리36									●	●	
신화리E32									●	●	
가재골III3									●	●	
교동456-11									●	●	
장검II7									●	●	
중산동약수II10									●	●	
정자동19									●	●	
가재골III16									●	●	
검단리69									●	●	
호계 매곡동43호									●	●	
호계 매곡동29호									●	●	
매곡동508 I 3									●	●	

	각목돌대문	절상돌대문	이중구연단사선	이중구연단사선+문양	구순각목공열	낟알+문양	이중구연	구순각목	공열	낟알	탄소연대(BP)
검단리44									●	●	
교동리유적105호									●	●	2670±20
교동-456-12									●	●	
신화리E22									●	●	
정자동26									●	●	
연암2									●	●	
신화리Ⅲ30호									●		
무거옥현B4호									●		
신화리Ⅲ22호									●		
신화리Ⅰ45호									●		
무거옥현C26호									●		
신화리Ⅲ19호									●		
신화리Ⅲ8호									●		
신화리Ⅰ25호									●		
무거옥현C9호									●		
신화리Ⅱ10호									●		
신화리Ⅱ21호									●		
무거옥현C4호									●		
무거옥현C5호									●		
신화리Ⅲ49호									●		
무거옥현C13호									●		
호계 매곡동76호									●		
신화리Ⅰ8호									●		
신화리Ⅲ42호									●		
호계 매곡동81호									●		
무거옥현C35호									●		
호계 매곡동18호									●		
무거옥현A2호									●		

	각목돌대문	절상돌대문	이중구연단사선	이중구연단사선+문양	구순각목공열	낟알+문양	이중구연	구순각목	공열	낟알	탄소연대(BP)
무거옥현C51호									●		
신화리Ⅱ50호									●		
호계 매곡동90호									●		
무거옥현C14호									●		
교동리유적32호									●		
교동리유적108호									●		
무거옥현C67호									●		
교동리유적110호									●		
호계 매곡동26호									●		
신화리Ⅰ10호									●		
신화리Ⅰ36호									●		
신화리Ⅲ29호									●		
호계 매곡동52호									●		2617±25
호계 매곡동53호									●		
교동리유적83호									●		
무거옥현C55호									●		
신화리Ⅰ29호									●		
굴화리백천들5호									●		
호계매곡동60호									●		
무거옥현C57호									●		
무거옥현C38호									●		
호계 매곡동16호									●		
교동리유적113호									●		
교동리유적65호									●		
굴화리백천들20호									●		
교동리유적71호									●		
굴화리백천들24호									●		
교동리유적67호									●		

	각목돌대문	절상돌대문	이중구연단사선	이중구연단사선 + 문양	구순각목공열	낟알 + 문양	이중구연	구순각목	공열	낟알	탄소연대(BP)
임암리(울밭)12호										●	2330±40
굴화리백천들3호										●	
굴화리백천들8호										●	
신화리Ⅰ31호										●	
교동리유적127호										●	
임암리(울밭)8호										●	
무거옥현C36호										●	
굴화리백천들7호										●	
신화리Ⅱ24호										●	
교동리유적54호										●	
입암리18(울문)										●	
호계 매곡동27호										●	
입암리11(울문)										●	2396±24
굴화리백천들4호										●	
교동리유적119호										●	
호계 매곡동62호										●	
신화리Ⅱ13호										●	2640±60
호계 매곡동39호										●	
임암리(울밭)7호										●	2420±40
입암리15(울문)										●	
입암리19(울문)										●	

4. 남강유역

남강유역은 진주를 중심으로 하는 서부경남지역 일대에 해당된다. 이 지역은 후기가 송국리유형에 해당되는 곳이며, 전반적인 문양의 변천과정은 호서지역, 한강유역과 대동소이하다.

전반적인 문양의 편년은 돌대문이 빠르고 역삼동식토기가 늦게 출현하는 양상이며, 상대적으로 조기의 유적이 많이 편이다. 그리고 금강유역과 한강유역처럼 요동계이중구연토기와 가락동식토기가 공반되는 사례가 아직까지 확인되지 않았다. 이 점은 추후 발굴자료의 증가에 따라 달라질 여지가 충분하다. 단독문에서 구순각목과 공열문이 조기~전기 전시기에 걸쳐 확인된다. 필자의 편년결과는 기존의 연구(고민정 2013; 김병섭 2016)와 대동소이하며, 필자는 문양구성에 따라 5단계로 구분하였다.

〈표 21〉 남강유역 무문토기 문양구성 및 단계설정

단계	복합문					단독문		
	돌대문	요동계 이중구연	가락동식	흔암리식	역삼동식	이중구연	공열 (돌유)	구순각목
I	●	●				●	●	
II	●	●	?			●	●	●
III			●	●			●	●
IV				●	●		●	●
V					●		●	●

〈표 22〉 남강유역 무문토기 문양의 편년

	각목 돌대문	절상 돌대문	요동계 이중 구연	가락 동식 토기	흔암 리식	역삼 동식	이중 구연	구순 각목	공열문 · 돌유문	탄소 연대 (BP)
가호동2	●	●					●			
옥방5D-2	●									3230±60 3180±60
옥방5C-3	●	●							●	
상촌DB-2	●									3030±50
옥방5D-1	●									
평거동3-1-12	●	●								3015±30

	각목돌대문	절상돌대문	요동계이중구연	가락동식토기	흔암리식	역삼동식	이중구연	구순각목	공열문·돌유문	탄소연대(BP)
평거동3-1-5	●	●							●	2945±25 2935±25
평거동3-1-3	●	●	●				●			3020±50
평거동3-1-4	●	●	●				●			2950±25 2930±25
평거동3-1-7	●	●	●				●			
본촌리나3	●		●							
평거동3-1-5			●				●		●	2945±25 2935±25
평거동3-1-6			●				●			
평거동4-1-5	●	●								2900±50
평거동3-1-2		●					●			
평거동3-1-11		●	●							3010±25 2995±25
평거동4-1-2		●						●		
평거동4-1-3		●						●		
가호동1			●				●	●		
상촌DB-10	●							●		3010±50
평거동4-1-1	●							●		2910±50
초전동42				●	●			●	●	
초전동43				●	●				●	
사월리3				●	●	●		●		
사월리11				●	●	●		●		
본촌리나6					●	●		●		
옥방5-C4					●				●	
옥방4-10					●	●			●	
대평리1						●			●	
옥방4-1						●			●	
옥방4-11						●			●	
옥방1-2						●				
옥방4-8						●			●	

	각목 돌대문	절상 돌대문	요동계 이중 구연	가락 동식 토기	흔암 리식	역삼 동식	이중 구연	구순 각목	공열문 · 돌유문	탄소 연대 (BP)
옥방1-1						●		●	●	
초전동55						●				
옥방2-20						●			●	
옥방8-15						●				
상촌리E3-14						●		●		
대촌2									●	
옥방5-C2									●	

5. 호남지역

호남지역은 다른 지역보다 조기~전기의 유적 빈도가 현저히 떨어지지만, 전반적인 토기양식은 호서지역과 유사한 양상이다. 상대적으로 흔암리식토기와 역삼동식토기의 비율이 낮은 편이다. 문양구성에 따라서 시기를 구분하면 크게 2단계로 구분할 수 있다. 3단계나 4단계로도 구분할 수 있겠지만, 해당되는 유구의 수가 너무 적어 그다지 실효성이 없다.

일단 현재로서 명확하게 구분되는 획기는 돌대문과 요동계이중구연토기의 소멸시점이다. 따라서 돌대문+요동계이중구연토기가 확인되는 단계를 Ⅰ단계, 가락동식, 흔암리식, 역삼동식토기가 혼재하는 단계를 Ⅱ단계로 구분하고자 한다. 향후 유적의 수가 증가한다면 좀 더 세분이 가능할 것이다. Ⅱ단계 이후는 송국리문단계이다. 기존의 연구(김규정 2016)도 대체로 돌대문, 가락동식토기를 이른 요소로, 흔암리식·역삼동식토기를 늦은 요소로 보고 있다.

AMS연대상에서 BP.3000년을 상회하는 유적이 거의 없어 호남지역 자체에 무문토기문화의 유입이 상대적으로 다른 지역보다 늦었을 가능성이 있다.

〈표 23〉 호남지역 무문토기 문양구성 및 단계설정

단계	토기		유구	AMS연대(BP)
	복합문	단독문		
I	각목돌대문토기 절상돌대문토기 요동계이중구연토기	이중구연 공열 구순각목문	순창원촌1, 동산동1-1, 동산동39, 영등 I -17 · II-7, 담양 태목리1, 섬다리2	동산동1-1: 2978±22 동산동39: 2965±23
II	가락동식토기 흔암리식토기 역삼동식토기	공열 구순각목문	영등동 I -3, 장동 I -9, 효자(4) I -5, 성곡1 · 2, 신흥동 I -5, 마륜리유적, 매성리1-1	마륜리1-1: 2910±40 마륜리1-3: 2820±50

6. 영동지역

영동지역은 청동기시대 유적의 조사예가 많지 않다. 인접한 영서지역과는 달리 돌대문토기가 확인되지 않으며, 이른 단계의 무문토기구성도 남한의 다른 지역과 다소 차이가 있다. 크게 4단계로 구분할 수 있는데, 기존의 연구(박영구 2013)도 필자와 크게 다르지 않다.

가장 이른 단계의 유적인 교동리유적은 AMS연대상으로 보면 조기에 해당되는 것이 분명하지만, 돌대문토기가 없고 이중구연계통이 중심을 이룬다는 점에서 다른 지역의 조기 토기와는 다른 양상이지만, 최근 들어 금강유역과 한강유역에서 조기까지 올려다 볼 수 있는 이중구연토기 자료들이 증가하는 추세여서 조기로 보아도 무리가 없다.

〈표 24〉 강원영동지역 편년

단계	토기		유구	AMS연대(BP)
	복합문	단독문		
I	요동계이중구연토기 이중구연거치문 공열거치문	이중구연공열	교동유적	교동리1: 3390±60 교동리2: 3200±50

단계	토기		유구	AMS연대(BP)
	복합문	단독문		
II	이중구연거치(구순각목문) 이중구연공열	이중구연공열문	사천리, 임호정리	임호정리1: 2980±60 임호정리5: 2880±50
III	흔암리식토기 역삼동식토기	공열구순각목	조양동유적 방내리1·2	조양동5: 2820±60
IV	역삼동식토기	공열구순각목	방내리(강문)1·5·12 대대리3	대대리3: 2840±60

7. 병행관계 및 시기구분

이상의 각 지역별 편년을 문양구성과 AMS연대를 참고하여 병행관계를 설정하고 시기구분한 것이 〈표 25〉이다. 각 시기별 변화상은 다음과 같이 설명할 수 있다.

조기전반은 서북지방(요동지방, 압록강-청천강유역) 무문토기가 한강유역, 금강유역, 남강유역에서 처음 출현하여 서북지방의 무문토기와 양식적으로 거의 동일한 모습을 보이는 시기이다. 조기 후반은 각목돌대문의 돌대와 요동계이중구연토기의 이중구연이 퇴화하면서 구순각목토기와 가락동식토기가 출현하는 시기이다.

전기의 전엽은 가락동식토기와 가락동식토기에서 출현한 흔암리식토기가 유행하는 시기이다. 전기 중엽은 가락동식토기, 흔암리식토기, 역삼동식토기가 혼재하는 시기이다. 전기 후엽이 되면 가락동식토기는 거의 사라지며 지역에 따라 흔암리식토기까지 가락동식토기와 함께 소멸하기도 한다. 그리고 형산강·태화강유역에서는 검단리식토기가 출현한다.

후기가 되면 가락동식토기와 흔암리식토기는 완전히 사라지며, 역삼동식토기는 한강유역과 호서지역 북부의 지역양식 토기로 남아있게 된다. 그리고 검단리식토기는 형산강·태화강유역의 후기를 대표하는 토기가 된다.

AMS연대를 참고하면 전기 토기의 양식적인 변화는 BP.3000년 무렵부터

BP.2800년 무렵 사이의 짧은 기간동안에 이루어졌다. 따라서 이전 형식과 후행한 형식이 공존하는 기간이 상대적으로 길 수밖에 없다. 즉 전기의 토기의 전반적인 양상은 서로 계통관계에 있는 가락동식토기, 흔암리식토기, 역삼동식토기가 혼재하는 양상이다. 그러나 양식적인 혼란기를 거쳐 후기가 되면 역삼동식토기·검단리식토기·송국리식토기로 양식적 구분이 명확해지고 남한의 대표적인 지역양식 토기로 자리 잡는다.

이렇게 놓고 보면, 남한 청동기시대에서 '類型'으로 구분할 수 있는 시기는 양식적 구분이 명확한 후기로 국한된다. 따라서 후기에 한해 역삼동유형, 검단리유형, 송국리유형이란 유형명을 쓰는 것이 적절하다 생각된다.

〈표 25〉 지역간 병행관계 및 시기구분

	시기구분		영동지역	한강유역	호서지역	남강유역	호남지역	금호강유역	형산강·태화강유역
BP.3300	조기	전반	I	I	I	I			
BP.3000		후반	II	II	II	II	I	I	I
	전기	전엽	III	III	III	III	II	II	II
		중엽		IV	IV	IV		III	III
BP.2800		후엽			V	V		IV	IV
	후기		IV	V	송국리문화기				V
BP.2300									VI

V

조기~전기 주거지의 변천과 의미

남한 청동기시대 주거지 중에는 圍石式爐, 또는 圍石式爐+礎石이 설치된 주거지가 있다. 1990년대까지만 해도 이 주거지들의 발굴사례가 많지 않았지만, 2000년대 이후 발굴 사례가 증가하면서 현재 남한 대부분의 지역에서 확인되고 있다. 이렇게 양적으로 자료가 축적되어 있음에도 불구하고 현재 이 주거지들과 관련된 연구는 다른 연구주제에서 단편적으로 다루어진 경우가 대부분이며, 이 주거지를 주제로 심도 있게 연구된 사례는 없다.

물론 연구사례가 단편적이고 양적으로 부족하다고 해서 이 주거지들에 대한 기존의 연구성과에 심각한 오류가 있다는 것은 아니다. 왜냐하면 당시의 연구성과들은 제한된 자료 속에서 나온 것이 대부분이기 때문에 오히려 학사적으로 높이 평가 받아야할 연구성과들이다. 다만 새로운 고고자료가 기존의 연구성과와 맞지 않는 점이 있다면 수정·보완할 필요가 있으며, 기존의 연구에서 다루지 못했던 부분에 대해서는 심도있는 연구가 이루어져야 한다고 생각한다. 본고는 이러한 문제의식에서 작성한 것이다.

지금까지 알려진 이 주거지에 대한 대표적인 연구성과는 ①가락동유형과 미사리유형의 대표적인 주거지라는 점. ②출현과정에서 외래문화의 영향이

작용했다는 점. ③주거지가 세장
한 형태로 변천한다는 점 등이
다. 이러한 인식은 학계에 거의
정설로 받아들여지고 있으며 많
은 연구자들이 유적의 편년작업
을 하는데 중요한 근거로 사용
하고 있다.

필자는 전술한 세 가지 인식
에 원칙적으로 동의하지만, 최근
의 발굴성과와 맞지 않는 부분
은 수정·보완하고 기존의 연구
에서는 다루지 않았던 점에 대해
서는 새로운 견해를 제시하고자
한다. 이에 본고에서는 남한 청

〈도 12〉 남한 위석식노지 주거지 분포 현황

동기시대 위석식노지(+초석)가 설치된 주거지를 분석대상으로 삼았으며, 본고의 연
구목적과 부합하는 자료를 선별 추출하였음을 밝힌다(표 26 참조).

〈표 26〉 남한 위석식노지 주거지 속성표

연번	유적	노지			초석			주거지 폭	형식	토기 양식	탄소 연대 BP	입지
		토광 위석	석상 위석	토광 평지	2열 대칭	1열 중앙	미 확인					
1	가평 대성25		1				●	8.00	둔산식	이중구연	2945±20	충적
2	가평 대성26		1	?			●	4.40	용암식	이중구연		충적
3	가평 연하1	1					●	5.80	둔산식	각목돌대, 절상돌대, 이중구연	3000±60	충적
4	강릉 교동1	1					●	5.00	둔산식	공열단사선문	3390±60	구릉
5	강릉 입암동1	2					●	4.8	둔산식	공열	2920±50	구릉
6	강릉 입암동2	1		?			●	?	둔산식		2820±50	구릉
7	경산 삼성리1	1					●	3.80	용암식	이중구연단사선		충적
8	경주 충효동2	1					●	7.24	둔산식	각목돌대, 절상돌대		충적

연번	유적	노지 토광위석	노지 석상위석	노지 토광평지	초석 2열대칭	초석 1열중앙	미확인	주거지폭	형식	토기양식	탄소연대 BP	입지
9	계룡 두계4	1					●	4.24	용암식	이중구연단사선		구릉
10	고성 대대리6	1		2			●	4.8	둔산식		2900±60	구릉
11	고성 대대리8	2					●	4.2	용암식	공열	2865±25	구릉
12	공주 제천1	2			●			5.60	둔산식	이중구연단사선		구릉
13	공주 제천2	2			●			5.20	둔산식	이중구연단사선		구릉
14	금릉 송죽리10	1					●	3.00	용암식	구순각목		충적
15	금릉 송죽리11	2					●	3.18	용암식	구순각목		충적
16	금릉 송죽리13	1					●	3.45	용암식	절상돌대문		충적
17	금릉 송죽리19	2					●	3.25	용암식			충적
18	금릉 송죽리23	1					●	2.30	용암식	절상돌대문		충적
19	금릉 송죽리30	2					●	3.21	용암식		2900±70	충적
20	금릉 송죽리36	2					●	3.23	용암식			충적
21	금릉 송죽리48	1					●	3.46	용암식			충적
22	금릉 송죽리49	2					●	3.26	용암식			충적
23	금릉 송죽리52	2					●	3.17	용암식			충적
24	금릉 송죽리61	1					●	2.77	용암식	구순각목, 각목돌대		충적
25	담양 태목1		2		●			8.30	둔산식	각목돌대, 절상돌대	2980±60	충적
26	대구 대봉동1	2					●	3.82	용암식			충적
27	대구 대봉동12	1?		2			●	4.15	용암식			충적
28	대구 대봉동16	2					●	4.15	용암식	이중구연단사선, 구순각목문		충적
29	대구 대봉동17	3	1				●	4.6	둔산식			충적
30	대구 대봉동5	1					●	4.15	용암식	구순각목문		충적
31	대구 대봉동9	2					●	3.68	용암식			충적
32	대구 상동2-14	1					●	4.4	용암식	이중구연단사선, 이중구연단사선구순각목		충적
33	대구 시지1호		1				●	6.5	미사리식			충적
34	대구 월성동585-4	3	1				●	4.24	용암식	구순각목	2730±50	충적
35	대구 월성동585-5	2					●	4.2	용암식	구순각목		충적
36	대전 가오4	2				●		3.54	용암식	구순각목		구릉
37	대전 관평II3	2			●			3.14	용암식	이중구연단사선		구릉
38	대전 관평II9	3					●	5.8	둔산식	이중구연단사선구순각목		구릉

연번	유적	노지			초석			주거지폭	형식	토기양식	탄소연대BP	입지
		토광위석	석상위석	토광평지	2열대칭	1열중앙	미확인					
39	대전 궁동2	1		1	●			4.70	둔산식	이중구연단사선	3030±70	구릉
40	대전 노은(충)1	1		2			●	3.4	용암식	이중구연단사선		구릉
41	대전 노은(충)3	1		1			●	4.50	둔산식	이중구연단사선	2860±80	구릉
42	대전 둔산1	1					●	4.2	용암식	이중구연단사선		구릉
43	대전 신대동4	1		1	●			5.50	둔산식	구순각목	2740±80	구릉
44	대전 신대동7	2					●	3.00	용암식	이중구연구순각목단사선, 구순각목	2740±100	구릉
45	대전 용산동1	1			●			5.5	둔산식	이중구연단사선		구릉
46	순창 원촌2		1				●	8.0	미사리식	각목돌대문		충적
47	연기 대평A1		1				●	5.52	미사리식	이중구연단사선, 각목돌대		충적
48	연기 대평A3		1	1			●	7.48	둔산식	이중구연단사선		충적
49	연기 대평A5		1	2	●			9.20	둔산식	이중구연단사선, 각목돌대	2950±50	충적
50	연기 대평A6		1	1	●			10	둔산식	이중구연단사선문		충적
51	연기 대평A9		1				●	4.48	미사리식			충적
52	연기 대평B16	1					●	5.6	둔산식	이중구연		충적
53	연기 대평B17	?					●	3.94	미사리식	이중구연, 각목돌대	2930±40	충적
54	연기 대평C1	1		3			●	8.88	둔산식	이중구연단사선, 이중구연 각목돌대문	2970±50	충적
55	연기 대평C16		1				●	7.76	미사리식	이중구연		충적
56	연기 대평C2	1					●	8.8	둔산식	이중구연, 각목돌대문	2920±50	충적
57	연기 대평C22	1					●	11.0	둔산식	이중구연		충적
58	연기 대평C26		1				●	8.14	미사리식			충적
59	연기 대평C3	2					●	8.38	둔산식	이중구연단사선문, 이중구연	2870±50	충적
60	연기 대평C4		1	1	●			10.43	둔산식	이중구연거치문	2990±50	충적
61	연기 대평C6		1				●	5.52	둔산식	각목돌대문, 이중구연	2720±50	충적
62	연기 대평C7	1					●	8.86	미사리식		2930±50	충적
63	연기 송담(28)42	1					●	3.96	용암식	이중구연단사선		충적
64	연기 송담(28)44	2					●	3.6	용암식	이중구연산사선		충적
65	연기 송담(28)54	1					●	4.4	용암식	이중구연단사선		충적
66	연기 송원14	2			●			4.48	둔산식	이중구연단사선구순각목	2700±50	충적

연번	유적	노지			초석			주거지폭	형식	토기양식	탄소연대BP	입지
		토광위석	석상위석	토광평지	2열대칭	1열중앙	미확인					
67	연기 송원16	1			●			3.8	용암식	이중구연단사선구순각목, 이중구연단사선		충적
68	연기 송원31	1		2			●	3.57	용암식	이중구연단사선구순각목		충적
69	연기 송원35	2			●			5.96	둔산식	이중구연단사선	2850±50	충적
70	연기 송원43	1					●	4.33	용암식	이중구연단사선		충적
71	영월 연하1	1					●	4.8	둔산식	절상돌대문,이중구연		충적
72	영월 주천14		1				●	8.3	둔산식	구순각목	2980±40	충적
73	영월 주천17	1					●	?	둔산식	절상돌대문	2930±40	충적
74	영월 주천6	1			●			4.9	둔산식	거치문, 구순각목공열		충적
75	영월 주천7	1			●			6.3	둔산식	공열문, 구순각목	2940±40	충적
76	울산 구영V1-28	1					●	7.2	미사리식	이중구연,절상돌대	3010±60	구릉
77	울산 달천5	1			●			7.2	둔산식	이중구연	2865±21	구릉
78	원주 동화1	1					●	4.7	둔산식	이중구연단사선	3050±50	충적
79	음성 하당1	2				●		4.44	용암식	구순각목		구릉
80	음성 하당5	1		2			●	?	둔산식?	구순각목		구릉
81	익산 영등II7	2			●			7.8	둔산식	이중구연단사선, 구순각목이중구연단사선		구릉
82	정선 아우라지1	1			●			8.9	둔산식	각목돌대, 절상돌대, 이중구연, 이중구연단사선	3010±60	충적
83	정선 아우라지13		1		●			8.4	둔산식	각목돌대, 절상돌대, 구순각목	2900±50	충적
84	정선 아우라지6		1				●	8.39	둔산식	각목돌대, 절상돌대		충적
85	정선 아우라지8		1		●			8.92	둔산식	각목돌대, 절상돌대, 이중구연, 이중구연단사선	2810±50	충적
86	진주 옥방5C3	1			●			7.0	둔산식	공열, 공열단사선		충적
87	진주 옥방5D-2	1					●	5.5	둔산식	각목돌대문	3230±30	충적
88	진주 평거3-1,12		2		●			9.18	둔산식	각목돌대문		충적
89	진주 평거3-1,2	1					●	8.54	둔산식	절상돌대, 이중구연		충적
90	진주 평거3-1,3	1					●	8.75	둔산식	각목돌대,절상돌대, 이중구연단사선, 이중구연	3020±50	충적
91	진주 평거3-1,4		1		●			8.67	둔산식	각목돌대, 절상돌대 이중구연단사선, 이중구연	2950±20	충적
92	진주 평거3-1,5	1					●	8.52	둔산식	각목돌대, 이중구연단사선, 이중구연		충적

연번	유적	노지			초석			주거지폭	형식	토기양식	탄소연대BP	입지
		토광위석	석상위석	토광평지	2열대칭	1열중앙	미확인					
93	진주 평거3-1,6		1		●			8.35	둔산식			충적
94	진주 평거3-1,7		1		●			9.4	둔산식	각목돌대, 절상돌대, 이중구연단사선, 이중구연		충적
95	진주 평거4-1,2		1				●	6.35	둔산식	절상돌대,구순각목		충적
96	진주 평거4-1,3		1				●	7.12	둔산식	구순각목		충적
97	진주 평거4-1,5		1				●	7.87	둔산식	구순각목공열, 각목돌대문,구순각목,절상돌대		충적
98	진천 사양4	2			●			?	둔산식	이중구연단사선, 이중구연구연단사선		구릉
99	진천 신월2	1		1			●	4.24	용암식	구순각목		구릉
100	철원 와수4	1					●	4.7	둔산식	이중구연격자문		충적
101	청도 진라리10	2		1			●	4.46	용암식			충적
102	청도 진라리8	3					●	4.15	용암식	이중구연단사선구순각목, 흔암리식토기		충적
103	청주 강서2	1			?			5.1	둔산식	이중구연단사선		구릉
104	청주 내곡	1					●	5.6	둔산식	이중구연단사선, 구순각목		구릉
105	청주 용정 I 1	1			●			5.82	둔산식	이중구연단사선	2930±50	구릉
106	청주 용정II1	2			●			5.58	둔산식	이중구연단사선	2900±50	구릉
107	청주 용정II7	1			●			5.37	둔산식	이중구연단사선, 구순각목		구릉
108	청주 용정II8	2				●		3.57	용암식	이중구연단사선구순각목		구릉
109	하남 미사리(고)11		1				●	6.0	미사리식	각목돌대		충적
110	하남 미사리(고)15		2				●	8.4	미사리식	절상돌대문		충적
111	하남 미사리(서)A1		1				●	5.50	미사리식	각목돌대, 절상돌대		충적
112	홍천 외삼포3	1			●			7.0	둔산식	각목돌대,절상돌대		충적
113	홍천 외삼포5	1			●			8.7	둔산식	각목돌대, 절상돌대		충적
114	홍천 철정A21	1					●	10	둔산식	각목돌대, 절상돌대		충적
115	홍천 철정C1	1			●			8.7	둔산식	절상돌대		충적
116	홍천 철정C5	1			●			7.3	둔산식	절상돌대		충적

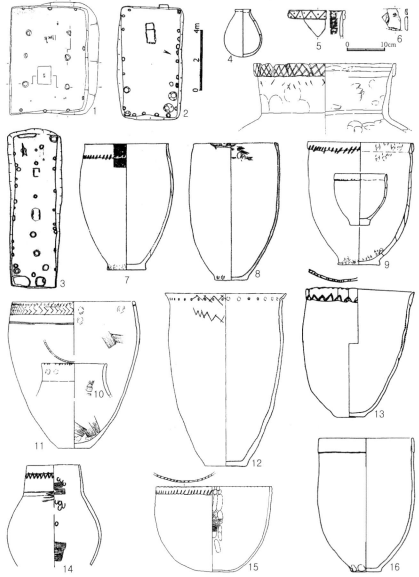

1: 궁동2호, 2: 둔산1호, 3: 용정Ⅱ-8, 4: 용산동1호, 5: 궁동13, 6: 신대동7호, 7: 둔산2호, 8: 영등동Ⅰ-3, 9: 용산동1호, 10·11: 신대동4호, 12: 교동1호, 13: 영등동Ⅱ-7, 14: 갑산리, 15: 천곡동나지구, 16: 교동3호

〈도 13〉 남한 위석식노지 주거지(1/250)와 출토유물(1/10)

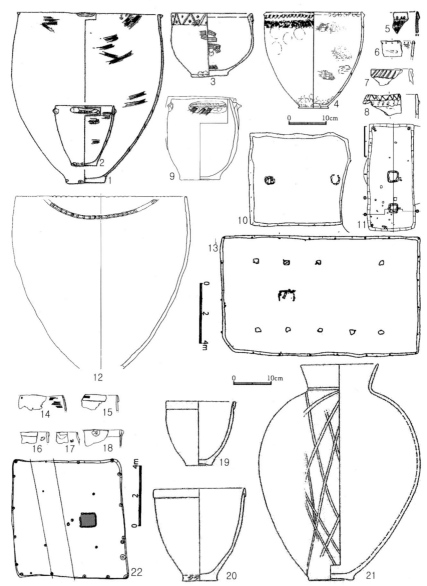

1 · 2: 수당리 6호, 3: 어은1-95호, 4: 진주 상촌리D2호, 5: 미사리K017호, 6~8: 상천리D10호, 9: 송죽리7호, 10: 미사리서A1호, 11: 송죽리36호, 12: 송죽리, 13: 대평옥방5C3호, 14~18 · 22: 구영 V-1-28호, 19 · 21: 상촌리주거지, 20: 시지동Ⅱ-2호

〈도 14〉 남한 위석식노지 주거지(1/250)와 출토유물(1/10)

1. 위석식노지 주거지의 개념과 분류

1) 기존 개념의 검토

현재 학계에서 위석식노지(+초석)가 설치된 주거지는 '미사리식주거지', '둔산식주거지', '용암식주거지' 등의 명칭으로 통용되고 있다. '미사리식주거지'는 안재호(1996)에 의해 붙여진 명칭으로, 대형이면서 정방형의 평면형태에 복수의 (위석식)노지가 설치된 주거지를 '미사리식주거지'라 명명하였다. 그런데 사실 이 명칭은 위석식노지라는 구조적 특징에 주목하여 붙여진 명칭이 아니라 대형 정방형의 평면형태와 복수의 노지라는 공간적 특징에 주목하여 붙여진 명칭이다. 따라서 위석식노지와 초석식기둥이라는 구조적 특징을 반영하는 명칭은 아니라고 불 수 있다.

이후, 안재호(2000)는 돌대문토기를 청동기시대 조기로 편년하고, 미사리식 주거지의 개념을 돌대문토기가 출토되는 石床圍石式爐址(+초석)가 설치된 주거지로 규정하여 이전보다 그 개념을 구체화하였다. 그리고 미사리식주거지의 평면형태가 정방형 → 장방형으로 변천한다고 봄으로서 정방형에만 국한되었던 평면형태를 장방형까지 확대한다. 즉, 이전의 공간적 특징에 의한 개념에 구조적 특징을 더한 것이다.

'둔산식주거지'라는 명칭도 안재호(2000)에 의해서 붙여진 것이다. 그는 가락동식토기가 출토되는 토광위석식노지의 장방형 주거지를 '둔산식주거지'라 하고 土壙圍石式爐址(+초석)를 둔산식주거지의 대표적인 특징으로 인식하였다. 즉 미사리식주거지를 미사리유형의 대표적인 주거지로, 둔산식주거지를 가락동유형의 대표적인 주거지로 보고, 양자의 구조적인 차이는 노지의 차이에 있는 것으로 파악한 것이다.

용암식주거지는 공민규(2005)에 의해 붙여진 명칭이다. 그는 둔산식주거지 중에서 세장한 형태를 용암 I 식으로, 초석이 없이 세장한 형태를 용암 II 식으로 분리하고 '둔산식 → 용암 I 식 → 용암 II 식'으로의 변화를 상정하였다. 필자는 공민규의 변화상 자체는 합리적인 안이라 생각한다. 그러나 개념상에서만 본다면 둔산식, 용암 I 식, 용암II식 간의 구분기준이 애매하다는 단점이 있다.

어쨌든 현재 '미사리식주거지=석상위석식노지가 설치된 미사리유형의 대표적인 주거지', 그리고 '둔산식주거지=토광위석식노지가 설치된 가락동유형의 대표적인 주거지'라는 인식에 문제를 제기하는 연구자는 없다. 그런데 문제는 발굴자료가 증가하면서 이런 기존의 인식과 맞지 않는 경우가 많아지고 있다는 사실이다. 즉 〈표 27〉과 같이 돌대문토기가 출토되는 주거지 중에서도 토광위석식 노지가 확인되는 예, 반대로 가락동식토기가 출토되는 주거지 중에서도 석상위석식노지가 확인되는 예, 두 양식의 토기가 함께 출토되는 예가 적지 않다는 것이다. 이러한 점은 토광위석식과 석상위석식의 선택이 전적으로 토기양식에 의해 결정되지 않는다는 점을 시사한다. 그렇다면 토광위석식과 석상위석식은 어떠한 요인에 의해 선택되는가?

〈표 27〉 토기양식별 위석식노지 현황

		土壙圍石式爐址	石床圍石式爐址
토기양식	돌대문	25.6%	58.3%
	이중구연단사선문	43.5%	12.5%
	돌대문+이중구연단사선문	3.8%	20.8%
	기타	17.1%	8.4%

일단 앞에서 살펴본 것처럼 노 바닥에 돌을 까는 것은 문화적 전통이나 출계에 따른 선택이 아닐 가능성이 높다. 그리고 노를 조성하는 비용(cost)의 측면에서만 본다면, 당연히 바닥에 돌을 추가적으로 설비하는 석상위석식노의 설치비용이 더 높을 수밖에 없다. 따라서 문화적 전통에 따른 것도 아니면서 비용이 더 드는 구조를 선택했다는 것은 아무래도 기능과 관련된 선택일 가능성이 높다.

필자는 석상위석식노가 토광위석식노에 비해 어떠한 기능적 장점이 있는지 추론하기 위하여 주거의 입지에 따른 석상위석식노지와 토광위석노지의 비율을 살펴보았다. 그 결과 〈표 28〉과 같은 결과를 얻을 수 있었는데, 정리하면 다음과 같다. 첫째, 석상위석식노지는 충적지에서만 확인된다. 둘째, 구릉지에서는 석상위석식노지가 전혀 확인되지 않고 토광위석식만 확인된다. 셋째, 충적지에서는 토광위석식노지와 석상위석식노지가 모두 확인되나, 상대적으로 석상위석식의 비율이 더 높다.

〈표 28〉 입지별 위석식노지 현황

		土壙圍石式爐址	石床圍石式爐址
입지	충적지	36%	100%
	구릉지	64%	0%

이러한 분석결과로 볼 때, 충적지에서는 노 바닥 돌의 유무가 노의 기능에 어느정도 영향을 주는 요인이 될 수 있지만, 반대로 구릉지에서는 노 바닥 돌의 유무가 그다지 노의 기능에 영향이 없다는 해석이 가능하다. 일반적으로 구릉지의 기반층은 풍화암반토 내지는 단단한 점토층이다. 반면 충적지의 기반층은 상대적으로 무른 사질토이다. 그리고 충적지는 구릉지에 비해 범람이나 수몰의 위험이 크고 물과 가까이 있기 때문에 구릉지보다 물이나 습기의 영향에 취약할 수밖에 없다. 반면 구릉지는 충적지에 비해 토양의 함수율이 낮을 뿐 아니라, 범람이나 수몰의 위험도 낮기 때문에 물이나 습기의 영향이 상대적으로 덜하다.

따라서 충적지에 조성된 수혈주거는 구릉지에 조성된 수혈주거보다 상대적으로 주거 바닥의 습기나 물에 취약할 수밖에 없으며, 바닥의 습기는 爐의 효율성을 떨어뜨리는 가장 큰 요인이 될 수 있다. 그런데 석상위석식노와 토광위석식노 중에 바닥의 습기를 차단하는데 유리한 구조는 당연히 바닥에 돌이 깔려있는 석상위석식노이다. 물론 충적지에도 토광위석식노지가 전혀 없는 것은 아니지만, 충적지 토광위석식노지들 중에는 바닥을 점토로 마감한 경우가 많다는 점,[11] 구릉지에서는 석상위석식노 또는 점토로 바닥을 마감한 토광위석식노지가 거의 확인되지 않는 다는 점 등에서 볼 때 충적지 노 바닥의 돌 또는 점토는 습기를 차단하기 위한 설비로 보는 것이 합리적 해석이다.

그러므로 석상위석식노와 토광위석식노는 자연환경적인 요인에 의해 결정된다고 봐야하는 것이지, 어떤 양식의 토기를 사용하는가에 따라 결정되는 문제는 아니라고 봐야한다. 물론 토기양식에 따라 노 구조의 비율적 차이가 어느정도 나타난다는 점이 있지만, 이것은 어디까지나 '원인'이 아닌 '결과'로 나타난 현상으로 이해해야 한다.[12]

이상과 같이 돌대문토기가 출토되는 주거지의 모든 노지가 석상식은 아니라는 점, 석상위석식노지 주거지에서도 가락동식토기가 출토된다는 점, 석상위석식노지와 토광위석식노지는 주거지의 입지와 관련이 있다는 점에서 기존의 '석상위석식노지=미사리유형=미사리식주거지, 토광위석식노지=가락동유형=둔산식주거지'라는 등식에 재검토가 필요하다.

2) 분류

기존의 분류기준에 문제가 있다고 하여, 기준의 명칭 자체를 폐기할 필요는 없다고 생각한다. 왜냐하면 기존의 명칭은 분명 당시의 자료에서는 적합한 기준이었으며, 이미 학계에 위석식노지 주거지를 대표하는 명칭으로 자리 잡았기 때문에 새로운 명칭을 쓰는 것은 혼란만 가중시킬 뿐 실효성이 별로 없다. 따라서 새로운 분류와 명칭을 만드는 것은 그다지 합리적인 대안이 아니

---

11) 토광위석식 노 바닥에 점토를 깔은 경우는 강원도 일부유적, 연기 대평유적, 진주 평거동 유적 등에서 확인된다. 이 경우 점토가 습기차단의 기능을 했을 것으로 생각된다. 그 외 다른 충적지 유적에서도 그런 사례가 있었다고 보여지지만, 보고서 상에 구체적으로 서술이 없었다.

12) 이것은 미사리유형의 주된 분포지가 충적지라는 점, 호서지방 가락동유형의 주된 분포지가 구릉지라는 기존의 연구결과가 반영된 결과로 보인다.

며 분류와 명칭은 그대로 쓰되, 각 명칭별 분류기준만 현재의 상황에 맞게 정리하는 것이 합리적 대안이라 생각한다.

일단 앞에서 살펴본 바와 같이 토광위석식노지인지 석상위석식노지인지는 주거지의 기본적인 구조나 주거지를 조성한 사람의 출계와는 관련이 없는 속성이고, 단지 주거지의 입지에 따라 결정되는 선택적 속성임을 밝혔다. 따라서 석상노지인지 토광노지인지는 주거지의 구조적 차이를 반영하는 속성이 될 수 없으므로 분류기준에서 제외한다.

〈표 29〉 초석형태에 따른 주거지 평균 너비

2열 초석	중앙 1열 초석	초석확인 안됨
6.98	3.85	5.42

위석식노지 주거지는 위석식노지 이외에 초석이 확인된다는 특징이 있는데, 초석의 유무는 주거의 기본적인 구조를 결정하는 데에도 중요한 속성이다. 그런데 문제는 주거가 폐기되는 과정에서 초석이 유실될 가능성을 배제할 수 없다는 것이다. 즉, 평면형태나 규모는 유사한데 단지 초석의 유무에서만 차이가 나는 경우가 많다는 것인데, 이 경우 초석이 원래 없었는지, 아니면 폐기과정에서 유실되었는지를 판별할 기준이 없다. 따라서 초석이 매우 중요한 속성임에도 불구하고 판별법상의 근본적인 한계를 가지고 있는 속성이기 때문에 초석의 유무에 따라 주거지를 분류하는 것은 적절한 기준이 아니라고 판단된다.

필자는 이에 대한 대안으로는 초석의 형태를 반영하는 다른 속성을 이용하고자 한다. 초석이 어떠한 기준으로 설치되는지를 살펴 본 결과 주거지의 너비와 어느정도 상관관계를 가지는 것으로 파악되었다(표 29). 우선 초석은 평면 배치에 따라 크게 1열 중앙배치와 2열 대칭 배치로 구분이 가능한데, 1열 중앙배치는 모두 주거지의 너비가 4.5m 이하에서만 확인되었다. 그리고 2열대칭배치초석 주거지의 평균 폭(6.58m)이 초석이 있는 주거지의 평균 폭

(5.42m)보다 약 1.5m 정도 큰 것으로 나타났다. 초석이 없는 주거지 중에 초석이 유실된 경우가 있다는 것을 감안할 때, 이정도 차이는 작지 않은 차이다. 따라서 주거지의 폭이 넓을 경우에는 초석이 유실되었거나, 적어도 초석식 기둥과 유사한 형태의 골조가 있었다고 봐야 한다.

문제는 그 폭의 기준에 어디에다 두느냐인데, 필자는 초석이 없는 구조가 확실한 관산리식주거지[13]의 최대폭을 그 기준으로 삼고자 한다. 관산리식주거지의 최대폭을 구하기 위하여 호서지역 관산리식주거지의 폭을 검토하였다(도 15). 검토결과, 분석대상 주거지의 폭이 예외 없이 2~4.5m 사이에 분포하는 것으로 나타났다. 이는 주거지 너비 4.5m를 기준으로 건축구조상의 질적 차이가 나타날 가능성이 높다는 것을 의미한다. 이에 주거지 폭의 속성을 4.5m 이상과 4.5m 미만 두개로 구분하고자 한다. 물론 여기서 4.5m라는 수치는 초석식기둥/수혈식기둥의 '구조적 적합성'의 한계치를 의미하는 것이며, 반드시 4.5m를 기준으로 초석식기둥/수혈식기둥이 결정된다는 의미는 아니다.

〈도 15〉 관산리식주거지의 폭

한편 예외적으로 주거지의 평면형태가 정방형인 경우에는 주거지의 폭이 4.5m를 넘는 경우에도 초석이 확인된 예가 없었다. 즉 정방형의 평면형태는 원래부터 초석식기둥이 아니었다는 해석이 가능하다. 아마도 주거의 골조는 초석식 기둥과 유사했지만, 초석이 있는 주거보다 상대적으로 상옥의 하중이

---

13) 본고에서 관산리식주거지의 개념은 세장방형의 평면형태에 토광식(평지식)노지가 설치된 주거지이다.

가볍기 때문에(상대적으로 주거의 면적이 좁으므로) 초석을 설치할 필요가 없었다고 생각된다. 주거골조에서는 큰 차이가 없다고 볼 수 있지만, 어쨌든 초석이 없는 형태이므로 '위석식노지가 설치된 정방형의 주거지'를 하나의 독립된 형식으로 설정하고자 한다. 향후 이런 평면구조에 초석이 설치된 주거지가 확인되더라도 이 주거지의 범주에 포함시켜도 무방하다고 생각된다.

〈표 30〉 주거지 형식과 속성표

	주거지폭			노지의 구조		
	정방형	4.5m 이상	4.5m 미만	위석식	위석식+토광식	토광식
미사리식	●			●		
둔산식		●		●		
용암식			●	●	●	
관산리식			●			●

이러한 분류기준을 바탕으로 위석식노지 주거지의 형식을 구분하면 ①정방형의 평면형태를 가진 주거지, ②주거지의 폭이 4.5m 이상인 주거지, ③주거지의 폭이 4.5m 미만인 주거지의 3개 형식으로 구분이 가능하다. 이 세 형식을 현재 학계에서 사용되고 있는 명칭인 '미사리식주거지', '둔산식주거지',

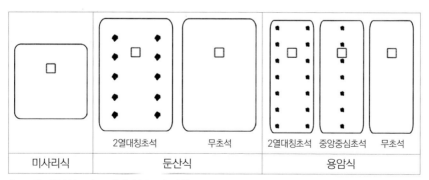

〈도 16〉 위석식노지 주거지의 분류와 명칭

'용암식주거지'에 대입해 보면, ①은 미사리식주거지, ②는 둔산식주거지, 그리고 ③은 용암식주거지로 분류할 수 있다.

2. 편년

본고에서 편년을 통해 밝히고자 하는 것은 ①주거지의 출현순서, ②병행관계를 통한 단계설정, ③주거지의 계통관계이다. 이를 위해 출토 유물과 주거지의 AMS연대를 검토하였다.

1) 주거지의 출현순서

주지하다시피 청동기시대 유물 중에서 시간성을 반영한다고 알려진 유물은 토기(토기문양), 석촉 등인데, 석촉은 일단 출토 량이 많지 않고 전기[14] 안에서는 1~2개 형식에 편중되는 경향이 강하므로 본고의 편년 목적에 적합하지 않다. 따라서 출토량도 풍부하고 종류와 구성이 다양한 토기문양을 검토하였다. 검토방법은 미사리식, 둔산식, 용암식, 관산리식[15] 각 주거지 형식별로 출토 토기문양의 구성 비율을 분석하였다.

분석결과, 미사리식주거지에서는 돌대문토기류의 비율이 높고 이중구연이나 가락동식토기의 비율이 낮았다. 둔산식주거지에서는 모든 문양이 확인되지만, 상대적으로 이중구연단사선문과 돌대문토기류의 문양구성이 약간 높았다. 용암식주거지에서도 모든 문양이 확인되지만 상대적으로 돌대문토기류와 이중구연의 비율이 낮았다. 그리고 관산리식주거지에서는 돌대문토기류

---

14) 송국리유형 출현 이전.

15) 관산리식주거지의 출토 토기문양은 필자가 호서지방 무문토기 문양에 대하여 연구 (2008)한 분석결과를 차용하였음을 밝힌다. 분석대상유적은 호서지역 17개 유적 (가오동, 관산리, 관평동, 능강리, 대율리, 두리, 마산리, 명암리, 백석동, 봉명동, 불당동, 수당리, 신월리, 쌍정리, 영등동, 용정동, 운전리유적)이다.

토기양식	돌대문 토기류	이중구연	이중구연+ 단사선문류	이중구연단사선 +구순각목 또는 공열문류	구순각목문 공열문
	미사리식				
		가락동식			
			흔암리식		
					역삼동식

주거지 형식		돌대문 토기류	이중구연	이중구연+ 단사선문류	이중구연단사선 +구순각목 또는 공열문류	구순각목문 공열문
	미사리식	70%	20%	10%		
	둔산식	31.4%	18.6%	30.2%	4.6%	15.1%
	용암식	9.0%	3.0%	33.3%	18.2%	36.3%
	관산리식			12.0%	20.2	67.8%

〈도 17〉 토기문양의 주거지 형식별 빈도분포

나 이중구연은 확인되지 않으며, 구순각목문과 공열문의 비율이 과반을 넘는 것으로 나타났다. 이러한 분석결과는 위석식노지 주거지가 미사리유형과 가락동유형의 대표적인 주거지이고, 관산리식주거지는 역삼동유형과 흔암리유형의 대표적인 주거지라는 학계의 일반적인 시각과 부합한다.

전기의 토기양식은 시간적인 양식이 아니라 지역 양식이란 견해가 있지만(이형원 2002; 천선행 2003), 발굴자료가 증가하면서[16] 최근 이런 견해와 상반되는 연구결과[17]가 증가하고 있는 것이 사실이다(청동기학회 2013). 필자(김현식 2008a)도 토기양식이 지역양식이라는 견해에 대하여 의문을 제기하며 시간성을 반영하고 있다고 주장한 바 있다. 따라서 토기양식이 지역양식이 아니라

---

16) 가락동식토기가 호서지방 이외의 지역에서도 폭넓게 확인되는 현상과 돌대문토기와 역삼동식토기가 호서지방에서도 확인되는 현상이 대표적이다.
17) 토기양식이 시간성을 반영한다는 주장.

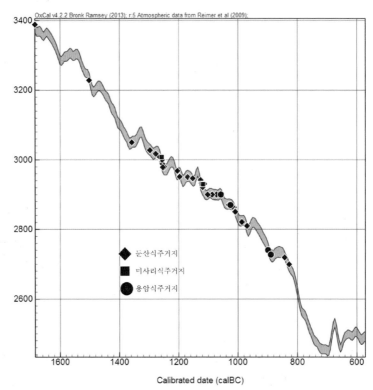

〈도 18〉 남한 위석식노지 주거지의 형식별 AMS연대

는 것을 전제로 하면, 토기문양을 통해 주거지의 상대편년이 가능하다. 이에 각 주거지형식을 출토문양의 '빈도법칙[18]'에 따라 배열 하였는데, 〈그림 17〉과 같이 주거지의 출현순서를 '미사리식 → 둔산식 → 용암식 → 관산리식'순 아니면 그의 역순인 '관산리식 → 용암식 → 둔산식 → 미사리식'로 볼 수 있는 결과가 나왔다. 편의상 전자를 '순서배열 1안', 후자를 '순서배열 2안'으로 부르기로

---

18) 빈도가 '생성-성행-소멸'로 나타난다는 법칙(이희준 1983 · 1986).

하고, 어떤 순서배열이 적합한지 검증하기 위하여 AMS연대를 검토하였다.

　일단 미사리식과 용암식은 AMS연대 자료가 많지 않아 먼저 자료가 풍부한 둔산식과 관산리식[19]을 비교하였다(도 18 및 도 19). 그 결과 둔산식은 BP.3000~2800년 정도에, 관산리식은 BP.2900~2500년 정도에 중심적으로 분포한다. 그리고 자료가 많지 않아 통계적으로 문제가 있긴 하지만, 일단 미사리식의 연대분포는 BP.3000~2900년에, 용암식은 BP.2930~2700년에 분포하는

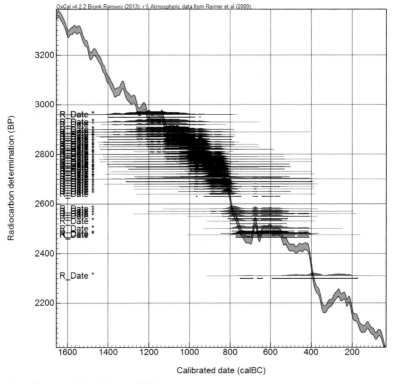

〈도 19〉 관산리식주거지 AMS연대

---

19) 서울, 경기, 호서지역 관산리식주거지 98동의 AMS년대 값을 검토하였다.

것으로 나타났다. 미사리식은 둔산식의 연대분포 안에 분포하지만, 이른 시기에 집중하는 경향을 보인다 할 수 있으며, 용암식은 둔산식의 늦은 시기와 관산리식의 이른 시기에 걸쳐 분포한다고 볼 수 있다.

그리고 본고의 주제와는 상관없지만, 남한 청동기시대 주거지의 상대적인 연대비교를 위해 송국리식주거지[20]의 AMS도 검토하였는데, 송국리식주거지의 중심연대는 BP.2800~2300년대에 집중 분포한다(도 20).

AMS연대만으로 본다면 미사리식과 둔산식이 가장 먼저 출현하고, 용암식 〉관산리식 〉송국리식으로 출현한다고 볼 수 있다. 이런 AMS연대 분석 결과는 앞에서 토기문양의 빈도를 통한 순서배열 중 제1안인 '미사리식 → 둔산식 → 용암식 → 관산리식'과 부합한다. 무엇보다 순서배열을 결정하는데 관건이 되는 것은 양 끝의 형식인 미사리식과 관산리식의 선후관계인데, AMS연대 상에서 미사리식이 관산리식보다 선행하는 것이 분명하다. 물론 미사리식과 용암식의 AMS년대 자료가 불충분하다는 한계가 있긴 하지만, 어쨌든 위석식노지 주거지의 출현이 전반적으로 관산리식주거지보다 이른 시기에 출현했다는 점에는 이론의 여지가 없다.

그런데 토기문양구성이나 AMS연대에서 미사리식이 둔산식보다 확실히 앞선다고 볼 수 없다. 따라서 미사리식은 출현이 둔산식과 같지만, 소멸은 둔산식보다 이른 것으로 보고자 한다. 따라서 최종적인 순서배열은 '미사리 · 둔산식 → 용암식 → 관산리식'으로 결정하고자 한다.

한편, 주거지의 순서배열결과에서는 주거지의 출현 순서뿐 아니라 토기문양의 출현순서도 알 수 있는데, 돌대문토기류나 이중구연단사선문류가 구순각목이나 공열문보다 앞선 것으로 나타났다. 결국 이런 편년결과는 남한 청동기시대 전기의 토기문양이 전반기에는 가락동계(이중구연단사선문)의 토기문양이 우세하다 전기 후반으로 갈수록 역삼동계(공열문과 구순각목문)의 토기문

---

20) 경기, 호서, 호남, 영남지역 181동 송국리식주거지의 AMS 값을 검토하였다.

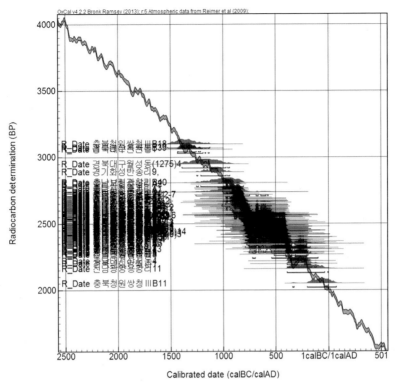

〈도 20〉 송국리식주거지의 AMS연대

양이 우세해진다는 안재호(2006)의 견해, 필자의 편년안(김현식 2008 · 2011 · 2013), 그리고 최근의 청동기시대 편년흐름(청동기학회 2013) 등과 동일한 맥락이다.

2) 병행관계를 통한 단계설정

AMS연대와 토기문양의 공반관계에서도 알 수 있듯이 각 형식들은 상당부분 병행했다는 것을 알 수 있다. 따라서 미사리식과 관산리식을 제외한 나머지 형식은 일정한 병행기간을 가졌다고 생각된다. 이런 병행관계를 토대로 전

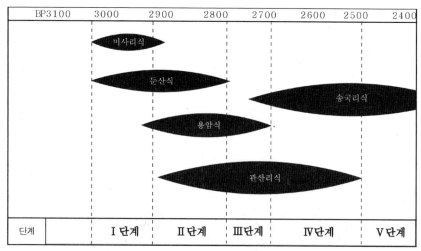

| BP3100 | 3000 | 2900 | 2800 | 2700 | 2600 | 2500 | 2400 |

미사리식

둔산식

송국리식

용암식

관산리식

| 단계 | Ⅰ단계 | Ⅱ단계 | Ⅲ단계 | Ⅳ단계 | Ⅴ단계 |

〈도 21〉 주거지의 병행관계 및 단계설정

반적인 주거지의 변화상을 단계로 구분하면 〈표 31〉, 〈도 21〉과 같이 정리할 수 있다.

병행관계에서도 알 수 있듯이 사실 한 개 형식만 유행하는 단계는 없으며, 각 단계는 이전에 출현한 형식과 뒤에 출현한 형식이 병행하는 양상이다. 이런 현상을 근거로 남한 전기의 유형 사이에 시간적이 차이는 없다고 주장하기도 하지만(김장석 2001; 이형원 2002), 물리적인 시간대가 겹친다고 해서 출현순서나 소멸순서까지 동일한 것은 아니며, 오히려 병행하는 시기가 있기 때문에 선후관계가 증명 되는 것이다.

예를 들어 역연대를 알 수 없는 A와 B라는 고고학적 단위의 선후관계는 반드시 A와 B가 공반되거나 병행해야만 논리적으로 증명이 가능하다. 즉 A만 존재하는 시기, A와 B가 공존하는 시기, B만 존재하는 시기가 존재해야만, 논리적으로 '(A)→(A,B)→(B)' 또는 '(B)→(B,A)→(A)'의 순으로 편년이 가능하다. 대표적인 상대연대결정법인 계기연대법과 순서배열법도 사실은 '앞뒤 선후관계에 있는 모든 문화단위는 병행기가 존재한다'는 원리를 이용한 것이다(이희준 1983·1986). 또한 형식학적인 편년법에서 형식배열의 검증방법 중에 하나인 '일괄유물을 통한 검증'도 역시 이런 원리를 이용한 것이다. 만약 이러한 고고학적 원리를 간과하게 되면, (A,B)를 A와 B의 전환기가 아니라 A와 B의 '문화접변'으로 해석하는 오류에 빠질 수 있다.

〈표 31〉 주거지 변천의 단계

단계	주거지의 병행관계
I단계	미사리식과 둔산식이 출현하여 병행
II단계	둔산식, 용암식, 관산리식이 병행
III단계	용암식과 관산리식이 병행하고 송국리식주거지가 출현
IV단계	관산리식과 송국리식이 병행하는 단계
V단계	관산리식의 소멸(송국리단계)

3) 주거지의 계통관계

다음은 형식들 간의 계통관계인데, 일단 가장 이른 형식인 둔산식과 미사리식의 계통적 기원에 대해서는 뒷장에서 살펴보기로 하고 본장에서는 논외로 한다. 남한 전기 주거지의 계통관계에 대한 종합적인 연구는 없었지만, 단편적으로 용암식을 둔산식(미사리식)에서 변천한 것으로 보는 견해(공민규 2005; 안재호 2006)와 관산리식주거지는 둔산식이나 용암식에서 변천한 것으로 보는 견해(안재호 2006) 등이 있다. 이런 견해들을 종합하면 '(미사리식)둔산식 → 용암식 → 관산리식'의 계통관계가 성립되는데, 이런 견해는 전술한 필자의 순서배열과 대체로 일치한다. 이러한 계통관계는 각 형식을 구분하는 속성들의 변화가 일정한 방향성을 보이기 때문에 형식학적인 관점에서도 합리적이다. 즉, 주거지의 폭은 좁아지는 방향성을, 노지는 '위석식 → 위석식+토광식 → 토광식'이라는 방향성, 그리고 '초석식 기둥 → 수혈식 기둥'을 보인다는 것이다.

물론, 유형을 지역색으로 보는 입장(이형원 2002; 나건주 2013)에서는 중간

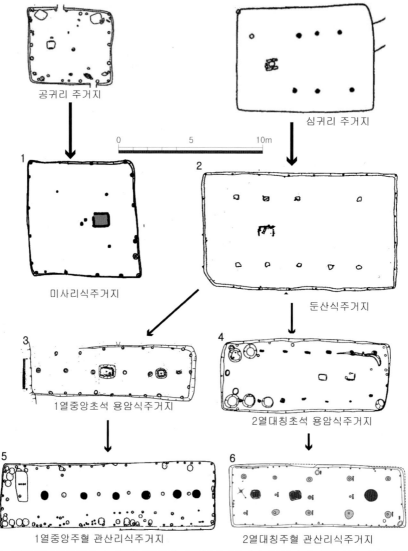

공귀리 주거지

심귀리 주거지

0　　　　　5　　　　　10m

1
미사리식주거지

2
둔산식주거지

3
1열중앙초석 용암식주거지

4
2열대칭초석 용암식주거지

5
1열중앙주혈 관산리식주거지

6
2열대칭주혈 관산리식주거지

1: 구영리V-1지구 28호, 2: 옥방5지구C3호, 3: 가오동 2호, 4: 노은동3호, 5: 용암리3호, 6: 신매대교 21호
〈도 22〉 주거지의 계통도

형식에 해당되는 용암식을 둔산식과 관산리식의 '문화접변'으로 해석하기도 하지만, 여기에는 다음과 같은 문제점이 있다. 이런 견해를 가진 연구자들은 공통적으로 가락동유형 둔산식주거지의 기원을 압록강-청천강유역 주거지와 연결시키면서도 역삼동·흔암리유형의 관산리식주거지의 기원에 대해서는 별다른 견해를 제시하지 않으며, 원래부터 남한에 존재했었다는 '不可知論'적인 해석을 한다.

그런데 관산리식주거지는 분명 기원이 되는 주거지 형식이 있었거나 적어도 출현에 직접적인 영향을 주었던 주거지 형식이 있었다는 점은 분명하다. 즉 그 계통적 기원이 내부(남한)에 있는가, 아니면 외부에 있는가는 논란이 될 수 있어도 그 계통적 기원이 존재한다는 사실에는 논란이 있을 수 없다. 따라서 관산리식주거지가 원래부터 있다는 견해는 논리적으로 성립하기 어렵다.

이밖에도 이들의 견해는 최근의 청동기시대 전기의 편년(청동기학회 2013)과도 불일치한다는 단점도 있다. 물론 2000년대 초반까지의 발굴성과만 놓고 본다면, 이들의 견해는 어느정도 납득할 할 수 있지만, 최근의 발굴성과와 편년연구 동향을 고려하면 재검토가 필요하다.

이상과 같이 남한 전기 주거지의 계통은 '미사리식·둔산식 → 용암식 → 관산리식'으로 도식화할 수 있다. 구체적으로 미사리식·둔산식주거지의 폭이 좁아지면서 출현한 것이 용암식이며, 용암식 중에 2열대칭배치초석의 용암식은 관산리식주거지 중에 2열대칭으로 주혈이 배치되는 형태와 계통적으로 연결되는 것으로 보인다. 그리고 용암식 중에 1열중앙배치초석의 용암식은 교하리유적나 용암리유적에서 확인되는 중앙주혈 배치의 관산리식주거지와 계통적으로 연결되는 것으로 추정된다. 물론 계통적으로 선후관계에 있다고 해서 동시기성을 부정하는 것은 아니다.

결국 남한 청동기시대 주거지의 변천 과정은 한마디로 '위석식노지와 초석식기둥'의 소멸과정이라 해도 과언은 아니며, 남한에서 위석식노지와 초석식기둥은 BP.2700년(Ⅳ단계의 시작)을 기점으로 완전히 자취를 감추게 된다.

3. 미사리·둔산식주거지의 출현과
관산리식주거지로의 변화

남한 위석식노지 주거지 중에 가장 이른 형식인 미사리식·둔산식주거지의 기원과 출현배경, 그리고 주거지의 특징 등에 대하여 고찰하고자 한다.

1) 미사리식·둔산식주거지의 기원

연구자마다 미묘한 차이는 있지만, 미사리식주거지와 둔산식주거지의 기원지를 압록강-청천강유역에서 찾는 점은 대체로 일치한다(안재호 2000; 김장석 2001; 이형원 2002; 배진성 2003; 천선행 2005; 공민규 2005). 실제로 압록강-청천강유역의 주거지 중에는 미사리식주거나 둔산식주거지와 거의 동일한 형태의 주거지가 확인되며, 출토유물에서도 매우 유사하다. 구체적으로 미사리식주거지는 공귀리유적의 5호 주거지, 둔산식주거지는 심귀리유적이나 세죽리유적의 주거지들과 거의 동일한 형태의 주거지이다. 출토유물에서도 각목돌대문, 절상돌대문, 공열문, 이중구연단사선문, 이중구연 등이 확인되기 때문에 남한 I단계의 양상과 거의 유사하다.

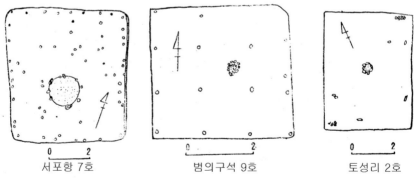

서포항 7호	범의구석 9호	토성리 2호

〈도 23〉 북한지역 신석기시대 후기 주거지

물론, 양 지역의 문화가 유사하다는 점만 본다면, '서북한 → 남한'으로 전파되었다는 논리 뿐 아니라 그 역의 논리인 '남한 → 서북한'으로 전파되었다는 논리 역시 성립할 수 있다. 그러나 남한의 신석기시대 주거지 중에서 미사리식주거지나 둔산식주거지와 형식학적으로 연결할 수 있는 주거지는 없으며, 남한 신석기시대 말기에는 수혈주거지 자체가 거의 확인되지 않는다. 이에 반해 압록강-청천강유역 신석기-청동기로의 전환이 '연속적'이라는 점(宮本一夫 1985·1986)은 익히 알려진 사실이며, 압록강-청천강유역 초기 청동기시대 주거지는 이 지역 신석기시대 후기 주거지와 계통적으로 연결된다(김용남 외 1975).

실제로 북한지역 신석기시대 후기 유적인 서포항유적, 범의구석유적, 토성리유적 등의 주거지는 방형의 평면형태에 1개의 위석식노지를 갖추고 있다. 평면형태와 노지의 위치와 구조에서 보면 압록강-청천강유역 전반기 청동기시대 주거지인 공귀리유적 5호, 세죽리유적 27호와 매우 유사하다. 따라서 압록강-청천강유역 초기의 위석식노지 주거지는 신석기시대 후기 주거지와 계통적으로 연결된다. 이러한 점들에서 볼 때, 남한 위석식노지 주거지가 압록강-청천강유역으로 전파되었다는 논리는 근본적으로 성립할 수 없다.

이상과 같이 남한 I단계의 양상과 기원전 2000년기의 압록강-청천강유역 청동기시대 문화와 매우 유사하다는 점, 남한 신석기시대에서 남한 위석식노지 주거지의 계통을 찾을 수 없다는 점, 압록강-청천강유역 주거지들은 재지의 신석기시대 주거지와 계통적으로 연결된다는 점에서 볼 때, 미사리식·둔산식주거지가 압록강-청천강유역 주거지의 직접전파로 출현했다는데 이론의 여지는 없다.

그리고 전파의 구체적인 형태는 아마도 '이주(migration)'였다고 생각하는데, 앞에서 살펴본 고고학적 상황이 에밀 W.하우리(2007)가 제시한 이주발생 증거의 4가지 조건과 일치하기 때문이다. 그가 제시한 네가지 조건은 다음과 같다. ①이주지의 새로운 문화가 갑자기 출현해야 하며, 앞 시기에 그 원형이

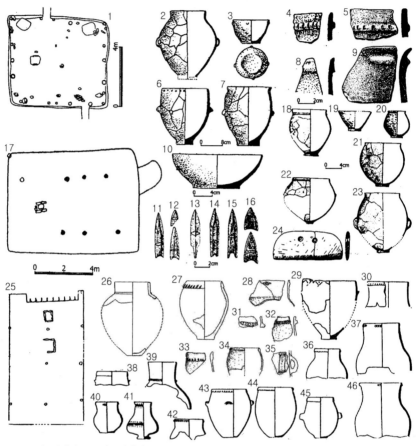

1~10 · 24: 공귀리, 11~23: 심귀리, 25~46: 세죽리 · 구룡강 · 신암리

〈도 24〉 압록강-청천강유역 남한관련 청동기시대 주거지와 출토유물

존재하지 않아야 한다. ②내도 집단이 재지 물질문화에 약간의 변형을 거쳐야
한다. ③이주민의 본향이 정확하게 제시되어야 한다. ④주민 이동의 지표로
지목된 유물들은 그 본향과 이지주 모두에서 같은 형태로 같은 시간대에 존
재해야 한다.

2) 압록강-청천강유역의 청동기시대 주거지

전술한 바와 같이 압록강-청천강유역 청동기시대 주거지 중에서 남한 미시리식 · 둔산식주거지와 직접적인 관련이 있는 주거지는 위석식노(+초석)이 설치된 주거지이다. 이에 대하여 살펴보자. 압록강-청천강유역 청동기시대에서 위석식노(+초석) 주거지의 현황을 파악하기 위하여 압록강-청천강유역에서 확인된 청동기시대 주거지를 검토하였으며 그 결과는 〈도 25〉, 〈표 32〉와 같다.

압록강-청천강유역에서 청동기시대 주거지가 확인된 유적은 모두 8개 유

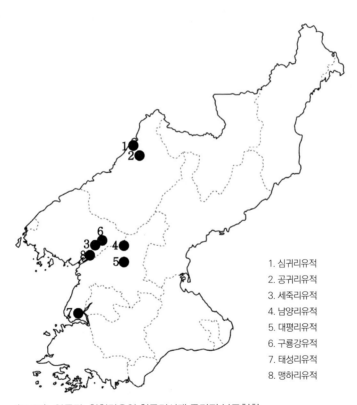

1. 심귀리유적
2. 공귀리유적
3. 세죽리유적
4. 남양리유적
5. 대평리유적
6. 구룡강유적
7. 태성리유적
8. 맹하리유적

〈도 25〉 압록강-청천강유역 청동기시대 주거지 분포현황

적이며, 모두 84동의 주거지가 확인되었다. 도면과 서술이 간략한 경우가 많아, 정확한 파악이 어려웠으나, 일단 도면상에 표현된 경우와 유구설명에서 파악된 것을 기준으로 위석식노지 또는 위석식노지+초석을 파악한 결과 최소 70동 이상의 주거지에서 확인되었다. 각 유적들은 출토유물과 층위에 의해 Ⅰ~Ⅳ로 구분된다.

〈표 32〉 압록강-청천강유역 청동기시대 주거지 현황

유적 및 주거지 총수		위석식노지(+초석)	시기 및 유물
공귀리	6동	5동에서 확인됨	Ⅰ기와 Ⅱ기로 구분되며, 전시기에 걸쳐 위석식노지 또는 초석 확인됨
세죽리	12동	정확한 수를 파악하기 어려우나, 최소 10동에서 확인이 가능하다. 위석식노지를 일반적인 특징으로 서술하고 있음	Ⅰ기:이중구연단사선문, 이중구연, 사격자문 Ⅱ기:이중구연단사선문, 미송리식(묵방리식)토기
구룡강	19동	6동에서 확인되며, 2동은 토광식, 나머지는 파괴가 심하여 알 수 없음	Ⅰ기: 이중구연단사선문, 돌대문, 공귀리식 Ⅱ기: 미송리식토기 Ⅲ기: 묵방리식토기
심귀리	3동	3동	돌대문, 이중구연단사선문, 공귀리식토기 등
남양리	31동	일부 잔존상태가 불량한 주거지를 제외하고 거의 모든 주거지에서 확인됨	Ⅰ~Ⅲ기: 이중구연단사선문, 팽이형토기 등 Ⅳ기: 미송리식토기
대평리	10동	10	Ⅰ기: 이중구연토기, 팽이형토기 Ⅱ기: 팽이형토기, 미송리식토기
태성리	1동	1	이중구연단사선문(팽이형토기?)
맹하리	2동	2	미송리식토기
계	84	최소 70동 이상	

이상과 같이 압록강-청천강유역 청동기시대 주거지들을 검토한 결과, 위석식노지(+초석) 주거지의 주된 분포지가 압록강-청천강유역이라는 것과 압록강-청천강유역 청동기시대의 대표적인 주거지 역시 위석식노지(+초석) 주거지라는 결론을 얻을 수 있었다. 그리고 압록강-청천강유역에서는 위석식노지

(+초석) 주거지가 청동기시대 전시기에 걸쳐 확인되는데 반해, 남한에서는 전반기를 넘기기 전에 사라진다. 따라서 위석식노와 초석식기둥(광폭의 주거지)은 압록강-청천강유역 청동기시대 주거문화를 대표하는 '양식적 특성'으로 볼 수 있다.

그렇다면 왜 위석식노지와 초석식기둥(광폭의 주거지)이 압록강-청천강유역 주거지의 양식적인 특징이 되었을까? 주거지의 형태에 가장 영향을 많이 주는 요소는 해당지역의 자연적 환경이다(로버트 쉐나우어 2004). 따라서 압록강-청천강유역 청동기시대 위석식노지와 초석식기둥이 장기간 존속했다는 것은 이 주거 양식이 압록강-청천강유역 자연환경에 적합한 양식이라는 것을 의미한다.

압록강-청천강유역 기후의 특징은 〈도 26〉에서 알 수 있듯이 겨울철이 춥고 길며, 눈이 많다는 것이다. 월평균 기온이 영하로 내려가는 달이 일년 중에 5개월이나 되며, 최심적설량 역시 한반도 남부지방보다 거의 두 배에 가깝다. 이런 기후에서는 겨울철에 야외활동이 지극히 제한적일 수밖에 없고 상대적으로 집안에서 생활하는 시간이 많을 수밖에 없다. 물론 현재의 기후를 3000년 전의 기후에 대입시키는 것에 문제가 없다고 보지는 않는다. 그러나 한반도의 전체적인 기후는 현재와 3000년 전이 달랐을지 몰라도, 위도 차이에 의해 나타나는 압록강-청천강유역과 남한지역의 상대적인 기후 차이는 3000년 전과 현재가 크게 다르지 않았을 것이다.

위석식노지는 노지의 평면적이 토광식(평지식)노지보다 넓고 노지주변에 두른 돌이 열기를 복사하는 기능을 할 수 있어 토광식(평지식)노지보다 난방 효과가 좋은 구조이다. 박성희(2012)도 위석식노지는 구조적으로 겨울에는 난방에 매우 효율적인 구조이지만, 여름에는 효율적이지 못하다고 평가하고 위석식노가 난방에 중점을 둔 노지라고 보았다. 필자는 이런 견해에 동의하며, 위석식노지를 겨울철이 춥고 긴 압록강-청천강유역에 최적화된 노로 보고자 한다.

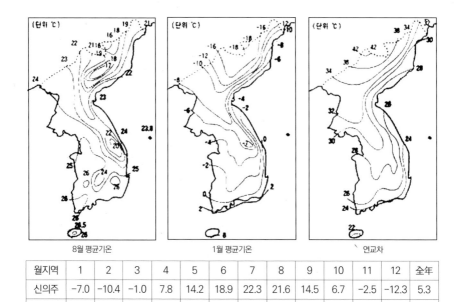

월\지역	1	2	3	4	5	6	7	8	9	10	11	12	全年
신의주	-7.0	-10.4	-1.0	7.8	14.2	18.9	22.3	21.6	14.5	6.7	-2.5	-12.3	5.3
군산	-0.8	0.5	4.6	11.0	16.4	20.9	24.7	25.7	21.0	15.0	8.2	2.2	12.5

〈도 26〉 한반도 기온 분포도(기상청 기상연보: 1961~1990년 평균치)

 압록강-청천강양식 주거지는 오량식의 맞배지붕으로 복원이 가능한데(김
용간 1984; 박성희 2012), 오량식주거로 복원할 경우, 기둥과 벽 사이의 공간을
저장이나 수납을 위한 공간으로 활용할 수 있다. 이러한 구조와 유사한 주거
가 민속자료에서도 확인되는데, 눈이 많고 겨울철이 긴 강원도 산간지방의 전
통가옥인 투방집(장보웅 1996)이 그것이다(도 27). 투방집은 한반도에서는 20
세기 초반까지 주로 개마고원, 낭림산맥, 태백산맥 산간의 화전민 부락을 중
심으로 분포하고 있던 가옥으로 알려져 있으며, 현재 이런 투방집은 울릉도지
방에만 그 명맥이 남아있다. 울릉도의 투방집은 조선 말에 함경도·강원도 지
방에서 이주해온 화전민에 의해 전해졌다고 한다. 투방집의 핵심적인 구조는
안쪽 기둥을 연결하여 벽체를 조성하여 외벽과 함께 이중벽의 구조를 하고
있다는 것이다. 이 외벽과 내벽 사이의 공간을 '축담'이라고 하는데, 축담은 저

장, 수납의 기능과 함께 '단열'의 기
능도 하고 있다. 즉 눈이 많이 쌓이
거나 기온이 낮은 환경에서 외부와
내부의 '완충공간' 역할을 하는 것
이다. 따라서 투방집은 겨울이 길고
눈이 많은 자연 환경에 적합한 주거
형태라고 볼 수 있다. 필자는 서북
한 양식의 주거지에서 기둥과 벽사
이의 공간도 '축담'과 유사한 기능을
했다고 생각되며, 실제로 이 공간에
서 저장혈 등이 확인된다.

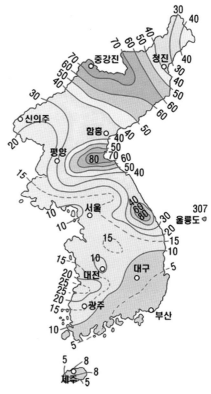

〈도 27〉 최심적설량 분포도

　　물론 압록강-청천강양식 주거지
가 투방집과 같은 이중벽의 구조라
는 적극적인 증거는 없지만, 영등동
Ⅱ-7호의 예처럼 기둥의 간격이 촘
촘한 구조의 경우에는 내벽의 존재
가능성을 완전히 배제할 수 없다.
또한 옥방유적이나 평거동 유적에
서 확인되는 몇몇 주거지(도 28), 그리고 압록강-청천강 유역의 세죽리유적 주
거지(김영우 1964)는[21]는 기둥 안쪽 생활공간이 기둥과 벽사이의 공간보다 바
닥의 높이가 낮다.

　　이것은 압록강-청천강양식 주거지에서 기둥과 벽사이의 공간과 안쪽의 생
활공간이 구조적으로 분리된 공간이라는 것을 시사한다. 즉, 실제로 물리적
인 격벽이 확인되지는 않았지만, 기둥과 벽 사이의 공간이 현대 건축물에서의

21) 도면상으로는 표현되지 않았으나, 보고서 본문에 기술되어 있다.

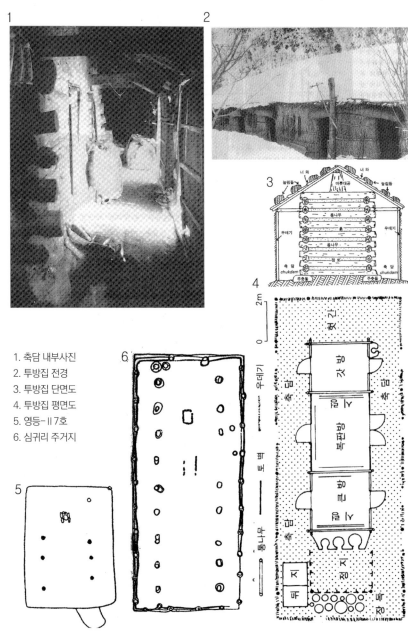

1. 축담 내부사진
2. 투방집 전경
3. 투방집 단면도
4. 투방집 평면도
5. 영등-Ⅱ7호
6. 심귀리 주거지

〈도 28〉 투방집과 압록강-청천강양식 주거지의 비교

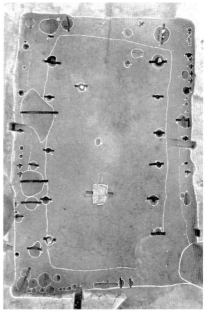

상부 노출 전경   바닥 노출 전경

〈도 29〉 평거동유적Ⅲ-1지구 4호 주거지 전경(경남발전연구원 역사문화센터 2011)

'베란다(발코니)'나 투방집의 '축담'처럼 내부와 외부의 완충공간 역할을 했을 가능성이 있다. 물론 투방집과 압록강-청천강양식 주거지가 동일한 구조이거나, 계통적으로 관련이 있는 구조가 아닌 것은 분명지만, 어쨌든 투방집과 압록강-청천강양식 주거지는 겨울이 춥고 길며 눈이 많이 오는 자연환경을 배경으로 탄생한 주거지라는 점에서 구조적으로 유사한 면이 있다고 생각된다.

주거지의 완충공간에서만 탄화목재가 가지런히 확인되었으며, 완충공간이 생활공간의 바닥보다 약 5cm 정도 높게 조성되었다. 완충공간과 생활공간이 구조적으로 분리되었을 가능성을 생각해 볼 수 있다.

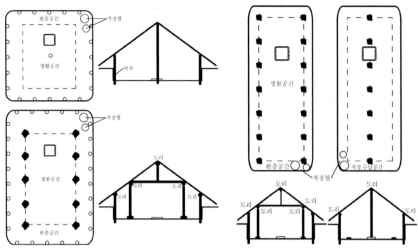

〈도 30〉 주거지 형식별 구조(좌상: 미사리식, 좌하: 둔산식, 우: 용암식)

3) 남한 압록강-청천강 양식 주거지의 출현 배경

전술한 바와 같이 압록강-청천강유역 청동기시대 문화가 전파되어 남한 Ⅰ단계가 출현하였으며, 양 문화 주거지들의 양식적인 특징은 위석식노, 초석식 기둥(광폭의 주거지)이다. 이에 필자는 압록강-청천강유역 주거지의 '양식적 특성'이 전파되어 출현한 미사리식주거지, 둔산식주거지, 용암식주거지에 '압록강-청천강양식 주거지'라는 양식적 의미를 부여하고자 한다. 그렇다면 왜 압록강-청천강유역 전반기 문화가 남한으로 전파되었는가?

현재 이에 대해서는 서북지방 전반기 문화 확산에 따른 남하설(안재호 2000; 김장석 2001; 배진성 2003)과 환경변화에 따른 남하설(김재윤 2004)이 있다. 서북지방 전반기 문화가 남한으로 확산된 원인에 대해서 김장석(2001)은 압록강-천청강유역에 미송리문화가 출현하면서 미송리문화에 밀려난 전반기문화 집단의 일부가 남한으로 이주했다고 보았다.

후자는 14~13C경 중국동북지방의 기온이 하강함에 따라 이 지역의 잡곡

농경집단이 기온이 온난한 한반도 남부지방으로 남하 하였다는 견해이다. 물론 김재윤의 견해는 남한 돌대문토기의 기원을 동북지방(두만강유역) 문화의 영향으로 보는 것이기 때문에 엄밀히 말해 압록강-청천강문화의 남하와는 직접전인 관련이 없다고 볼 수 있다. 그러나 중국동북지방의 환경변화가 두만강유역에만 국한 것이 아니기 때문에 압록강-청천강문화의 남한 이주에도 영향을 주었다고 볼 수 있다.

전자가 전파의 배경을 '문화변동'에서 찾는 것이라면, 후자는 '자연환경의 변화'에서 찾는 것이다. 물론 아직 압록강-청천강유역 문화변동에 대한 연구와 중국동북지방 환경변화에 대한 연구가 충분하지 못하다는 한계가 있지만, 두 견해 모두 타당성이 있는 견해라고 생각된다. 다만 전파된 거리가 비교적 멀다는 점과 인접한 문화를 우회하는 전파경로를 선택했다는 점에서 한 가지 원인만 일방적으로 작용했다고 보기 어렵다. 여러 가지 원인이 복합적으로 작용한 것으로 봐야 하지만, 현재로서는 전술한 연구성과들 외엔 구체적인 전파의 원인이나 배경을 설명할만한 근거나 자료는 없는 실정이다. 향후 이에 대한 연구성과가 나오길 기대하며 이에 대해서는 다음과 같이 원론적인 수준의 해석을 하는 것으로 대신하고자 한다.

기존의 연구성과들을 긍정적으로 수용하면, 어쨌든 기원전 14~13세기 무렵 중국동북지방~압록강-청천강유역에 사회문화적·자연환경적으로 큰 변화가 있었다고 볼 수 있는데, 당시 압록강-청천강유역 청동기시대인들은 이러한 변화에 대응하는 방식으로 크게 두가지 선택을 했다고 생각된다. 그 첫 번째 선택은 '변화를 수용하는 것'이고, 두 번째 선택은 '변화를 피해 이주하는 것'일 텐데, 아마도 첫 번째 선택의 결과로 나타난 문화가 압록강-청천강유역 청동기시대 후반기문화이고, 두 번째 선택의 결과로 나타난 문화가 남한의 조기 문화로 생각된다.

압록강-청천강유역 후반기 문화는 미송리식토기를 표지로 하지만, 주거지는 이전의 전반기의 것을 큰 변화 없이 계승하고 있다. 즉 기존의 문화적 전통을 유지하면서 '미송리식토기'라는 새로운 문화를 수용한 것으로 생각된다.

이에 반해 새로운 문화를 수용하지 못한 집단들은 남한으로의 이주를 선택하게 되며, 이렇게 출현한 것이 남한의 조기 문화로 생각된다.

4) 압록강-청천강양식 주거지의 소멸과 관산리식주거지의 출현

남한 청동기시대에서 위석식노지와 초석식 기둥은 BP.2800년을 기점으로 완전히 자취를 감춘다. 즉 한반도 청동기시대의 시간 폭을 BP.3200~2300년 이라 했을 때, 위석식노지 주거지는 청동기시대의 전반기를 넘기지 못하고 소멸한다. 그렇다면 압록강-청천강유역에서는 장기간 존속하던 주거지가 왜 남한에서는 짧은 기간에 소멸하는가?

처음 압록강-청천강유역에서 남한으로 이주한 후에 얼마간은 자신들 주거문화의 전통인 '압록강-청천강양식'을 유지하면서 정착을 시도했을 것이다. 그런데 압록강-청천강양식주거는 추운 기후와 눈이 많은 환경에서는 유리하다는 장점이 있지만, 건축구조상에서 보면, 건축을 조성하는데 목재의 사용량도 많고 연면적도 넓기 때문에 주거 터를 조성하는데 보다 많은 수고와 비용이 들어갈 수밖에 없다. 그러므로 세대가 지나면서 자신들의 문화적 전통을 남한의 기후와 환경에 맞게 주거를 개량했을 것이고 개량은 '완충공간'을 축소하고(주거의 폭을 줄이고) 초석식 기둥을 수혈식기둥으로 전환해 가며, 또한 위석식노는 난방기능은 떨어지지만 조성이 간편한 토광식(평지식)노로 전환하는 방향으로 이루어졌을 것이다.

왜냐하면 압록강-청천강유역보다 온난한 남한의 기후에서는 완충공간과 위석식노는 조성비용만 증가만 있을 뿐이지 그다지 장점이 없기 때문이다. 그러므로 용암식주거지와 관산리식주거지는 압록강-청천강양식주거지가 남한의 온난한 기후와 식생에 적응하는 과정에서 나타난 주거지로 볼 수 있다. 그리고 위석식노지와 초석이 완전히 사라진 형태의 주거지인 관산리식주거지는 남한의 자연환경에 완전하게 적응하여 나타난 주거지로 볼 수 있다.

물론, 이런 과정이 단선적으로 일어나지 않았다는 것은 당연하다. 유구로

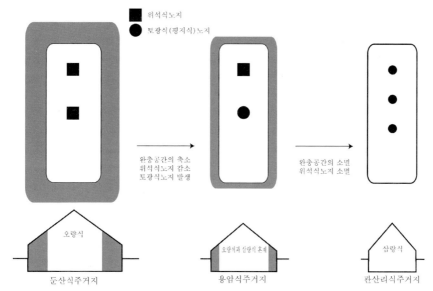

〈도 31〉 관산리식주거지 출현과정 모식도

나타나는 주거지는 주거의 일부분에 지나지 않으므로 고고학적으로 인지하지 못하는 다양한 형태의 주거들이 '생성과 도태'를 반복하며 병존했을 것이다. 이런 과정은 새로운 환경에 적응하기 위한 '시행착오'의 과정이며, II단계에서 다양한 주거형식이 확인되는 것은 이런 시행착오가 반영된 결과로 생각된다.

이상으로 남한 위석식노지 주거지의 출현과 변천과정에 대하여 고찰하였다. III단계가 되면 이중구연계통의 토기와 돌대문토기 등 소위 서북한계통의 토기들도 거의 소멸하고 흔암리식, 역삼동식, 검단리식, 송국리식 등 남한 이외의 지역에서는 거의 확인되지 않는 남한 고유의 토기양식이 출현·성행하게 된다. 따라서 압록강-청천강양식 주거지의 소멸은 문화사적으로 남한에서 압록강-청천강양식이 완전히 소멸하고 새롭게 남한 고유의 양식이 성행한다는 것을 의미한다.

VI
송국리유형의 출현배경

1. AMS연대로 본 송국리유형

남한 청동기시대에서 송국리유형(이청규 1988)이란 송국리식주거지, 송국리식토기, 플라스크형토기, 유경식석검, 삼각형석도, 유구석부, 일단첨경석촉 등을 특징으로 하는 유물·유구의 조합(assemblage)이다. 연구자에 따라서는 송국리식석관묘, 송국리식옹관묘, 묘역식 지석묘(구획묘), 비파형동검 등도 송국리유형의 구성요소에 포함시키기도 한다(안재호 1992). 또한 유물과 유구뿐 아니라 수도작의 확대, 환호취락의 조성, 주거지의 소형화 및 군집화(세대공동체의 분화), 계층의 발생 등과 같은 사회경제사적인 변화까지 송국리유형의 출현과 관련시키기도 한다.

현재 학계에서는 이러한 송국리유형의 특징들이 전기 문화에서는 확인되지 않는다는 점에 주목하여 송국리유형의 시작을 전기의 끝(또는 중기의 시작)으로 보고 있다. 그런데 지금까지의 발굴성과로 볼 때, 송국리유형은 서남부 지역에만 확인되고 있으며 서남부 지역을 제외한 나머지 지역은 전기의 물질문화가 큰 변화 없이 계속된다. 따라서 송국리유형만을 중기의 문화로 본다는 점은 논리적으로 문제가 될 수밖에 없다.

이러한 문제점에 대한 대안으로 중부지방과 동남해안지방에서도 중기에 속하는 유형을 설정하기도 하는데, '북한강유형'(또는 역삼동유형Ⅱ)과 '검단리 유형'이 여기에 속하는 대표적인 유형이다. 즉 물질문화상으로는 송국리유형 과 다르지만, 사회경제사적인 측면에서는 송국리유형과 동일한 맥락이라는 것이 이런 주장들(김권중 2005; 황현진 2005; 이수홍 2005; 김현식 2006)의 핵심이 다. 물론 이런 주장들에 전혀 이견이 없는 것은 아니지만, 어쨌든 송국리유형 의 출현을 중기의 시작으로 본다는 점에 대해서는 별다른 이견이 없다.

이상과 같이 송국리유형의 출현을 중기의 시작으로 본다는 점에 대해서는 큰 이견이 없지만, 송국리유형의 역연대와 송국리유형의 기원에 대한 견해는 연구자들마다 다소 의견이 엇갈린다. 이에 본고에서는 C14연대를 통해 이 두 가지 문제에 대하여 접근해 보고자 한다.

C14연대를 검토한 자료는 제주도와 강원도[22]를 제외한 남한 지방에서 확 인된 송국리식주거지 또는 이와 유사한 형태의 주거지[23] 181동이다. 보정연 대(Cal B.C)에 사용된 프로그램은 OxCal v4.2.2이며, 보정곡선은 IntCal09 이다.

1) 松菊里類型의 曆年代

2000년대 중반까지만 해도 송국리유형의 역연대를 송국리유적 발굴단에 서 제시한 BC 5세기 전후(BC 6~4세기)로 보는 것에 특별한 이견은 없었다. 사 실 이때까지만 해도 先史時代의 曆年代를 구하는 방법이 지금의 관점에서 보 면 그다지 과학적인 방법이 아니었을 뿐 아니라 연구자들 사이에서도 역연대 는 그리 중요한 문제로 인식되지 않았다.

---

22) 제주도와 강원도에서 확인된 송국리식주거지는 철기문화에 속하므로 논외로 한다.
23) 본고에서 장방형의 평면형태에 중앙에 타원형 수혈 또는 기둥구멍이 설치된 주거지.

왜냐하면 당시의 선사
시대 편년연구의 패러다
임은 절대연대의 편년이
아니라 유구 · 유물 · 유적
간의 상대편년이었기 때
문이다. 이러한 연구경향
때문에 '송국리유적 BC 5
세기의 연대비정'이 주거
지 상부에서 출토된 선형
동부 용범편 단 한 점의
교차연대에 의한 것이고,
그나마 교차연대의 대상
유물이 모호하다는 치명
적인 단점에도 불구하고

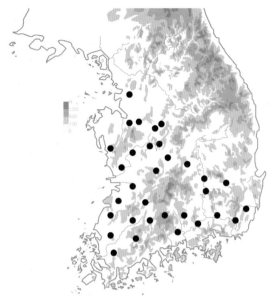

〈도 32〉 (先)송국리유형의 분포

이에 대한 특별한 이견이 없었다.

송국리유형의 역연대가 연구자들에게 관심을 받게 되는 계기는 아무래도
일본의 연구성과(春成秀彌 外 2004)에 자극받은 바가 큰 것이 사실이다. 2000
년대까지만 해도 송국리문화가 야요이문화 성립에 영향을 줬기 때문에 야요
이시대의 상한은 한국의 송국리유형 상한보다 올라가지 못한다는 것이 거의
정설이었으나, 일본에서 새롭게 야요이시대의 상한을 BC 930년으로 보는 견
해가 발표되면서 기존의 연대관에 대한 수정론이 제기된다.

물론 일본 내에서도 이에 대한 논쟁이 진행 중이므로 현시점에서 야요이시
대 상한을 BC 930년으로 확정하는 것은 무리가 있다. 그러나 기존의 상한연
대를 올려야 된다는 공감대가 형성된 것만은 분명하며, 그 중심에는 C14연
대가 있다. 주지하다시피 새로운 야요이시대 연대관은 C14연대를 통해서 작
성된 편년안인데, 만약 새로운 야요이시대 연대관을 따르게 되면, 야요이문화
형성에 영향을 주었던 송국리유형의 역연대도 올라갈 수밖에 없다는 결론에

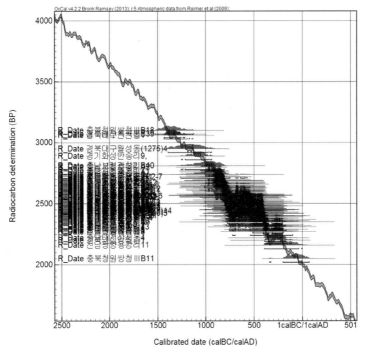

OxCal v4.2.2 Bronk Ramsey (2013); r:5 Atmospheric data from Reimer et al (2009);

〈도 33〉 (先)송국리유형의 보정곡선상의 C14연대 분포

도달하게 된다. 게다가 일본처럼 우리나라도 C14연대를 적극적으로 수용하게 되면, 송국리유형의 상한을 올리는데 별다른 문제가 없다.

물론 고목효과나 해양 리저버 효과의 문제, 그리고 소위 '2400년의 문제' 등과 같은 탄소연대측정법이 가지고 있는 근본적인 문제점은 여전히 미해결 상태이기 때문에 아무리 정교한 논리로 설명한다 해도 탄소연대측정법이 가지는 근본적인 한계가 없어지는 것은 아니다. 그럼에도 불구하고 청동기시대 역연대를 구하는데 여전히 C14연대에 의존할 수밖에 없는 것은 현실적으로 선사시대의 역연대를 추론하는데 탄소연대측정법 보다 과학적인 방법이 없기 때문이다.

어쨌든 새로운 야요이시대 연대관이나 탄소연대측정법의 적정성 여부를 떠나, 기존의 '송국리유형 BC 5세기설'은 그 성립과정에 문제점이 있기 때문에 재고되어야 하며, 현시점에서 그 대안은 역시 C14연대 밖에 없다. 이에 본고에서는 주거지에서 출토된 C14연대 값을 기준으로 송국리유형의 역연대를 제시하고자 한다.

송국리유형[24]의 C14연대를 IntCal09 곡선에 표시한 것이 〈도 32〉이다. 일단 상한은 BP.3100년, 하한은 BP.2100년으로 나타났지만, 대체로 BP.2800~2250년 사이에 밀집 분포하며, 이를 교정연대로 환산하면 대략 BC 900~400년에 해당된다. 물론 이 연대값은 고목효과나 해양 리저버 효과를 전혀 고려하지 않은 값임을 밝혀둔다.

2) 松菊里類型의 起源

송국리유형이 전기의 문화와 뚜렷하게 구분되는 특징을 가지고 있지만, 전기의 문화에서 송국리유형의 요소가 전혀 확인되지 않거나, 반대로 송국리유형에서 전기 문화의 요소가 전혀 확인되지 않는 것은 아니다. 사실 외반구연을 핵심속성으로 하는 송국리식토기도 전기부터 확인되고 있으며, 일단첨경식석촉이나 유경식석촉 또한 전기부터 꾸준히 확인되는 요소이다. 송국리식주거지에서도 전기의 대표적인 토기문양인 공열문·구순각목문 등이 출토되며, 전기의 대표적인 석촉형식인 이단경식석촉이 출토되기도 한다. 그리고 전기에 속하는 유적의 장방형주거지 중에는 타원형 수혈이나 중심주혈 등의 송국리식주거지의 특징을 가진 이른바 '어은식주거지', '반송리식주거지'가 확인되기도 한다.

안재호(1992)는 이렇게 전기의 요소와 송국리유형의 요소가 혼합된 유형을 송국리유형의 이전단계로 인식하여 '선송국리유형'이라 명명하였는데, 선송국리유형이란 개념은 송국리유형의 기원이 전기의 문화에 있다는 인식을 전

---

24) 선송국리유형과 송국리유형을 구분하지 않고 표시하였다.

제로 설정된 개념이다. 그런데 연구자 중에는 '선송국리유형'을 전기와 후기의 전환양식으로 해석하지 않고 송국리유형과 역삼동유형의 '문화접변'으로 해석하는 경우도 있다. 전자의 해당되는 견해가 소위 '자체발생설[25]'이고 후자에 해당되는 견해가 소위 '외래기원설[26]'이다.

결국 선송국리유형을 '전환기 양식'으로 보느냐, '문화접변'으로 보느냐, 다시 말해 선송국리유형이 송국리유형보다 이르게 보느냐, 아니며 늦게 보느냐에 따라 자체발생설과 외래기원설이 나뉜다고 할 수 있다. 현재 자체발생설에서는 형식학적인 시각에서 선송국리유형이 송국리유형이 이르다고 주장하지만, 외래기원설에서는 선송국리유형이 '문화접변'이기 때문에 송국리유형보다 늦다고 보고 있다. 이렇게 동일한 현상을 놓고 정반대의 해석을 하고 있기 때문에 사실상 양 견해의 절충안은 논리적으로 성립하기 어렵다. 이에 본고에서는 C14연대를 논거로 하여 양 의견을 검토하고자 한다.

3) 선송국리유형과 선송국리유형의 C14연대 비교

안재호(1992)가 선송국리유형을 설정할 당시에는 유적의 수가 많지 않았기 때문에 비교적 그 구분이 명확했으나 현재는 유적의 수가 많아지고 그에 따라 다양한 경우의 수가 나타나기 때문에 사실 선송국리유형과 송국리유형을 명확하게 구분하는 것이 쉬운 작업은 아니다. 일단 출토유물이 충분하지 않아 판단이 애매한 경우가 가장 많다. 그리고 주거지는 확실한 송국리식주거지들로만 구성된 유적임에도 불구하고 주거지에 따라 전기의 요소가 확인되는 경우도 있고 반대로 전혀 확인되지 않는 경우도 있다. 또한 확실한 송국리식

---

25) 안재호(1992), 김장석(2003), 나건주(2004), 이형원(2006), 송만영(2003) 등이 대표적이다.
26) 이홍종(1996), 우정연(2002), 이진민(2004) 등이 대표적이다.

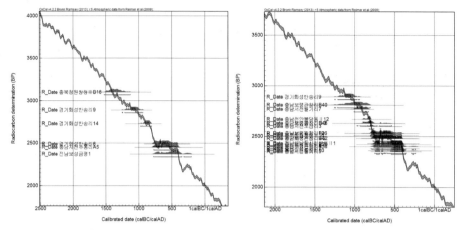

〈도 34〉 공열문(좌)과 구순각목문(우)의 C14연대

주거지[27])와 유사 송국리식주거지[28])가 혼재된 유적임에도 유물상에서는 서로
차이가 없는 경우도 있다.

　이러한 점은 선송국리유형과 송국리유형의 구분이 명확하게 두 개의 군으
로 구분되지 않고 양자 사이에는 수많은 경우의 수가 스펙트럼처럼 존재한다
는 것을 의미한다. 따라서 이러한 경우에는 양자를 인위적으로 구분하는 것보
다는 전기의 요소가 확인된 주거지들의 연대를 모두 검토하는 것인 객관적인
결과를 얻을 수 있다. 따라서 본고에서는 비교적 출토예가 풍부한 공열문이
출토된 주거지, 구순각목문이 출토된 주거지, 유사 송국리식주거지 3개로 구
분하여 C14연대를 살펴보았다.

---

27) 말각방형, 타원형, 원형의 평면형태에 타원형 중앙수혈 또는 중앙중심 기둥이 확인
　　된 주거지를 말한다.

28) 본고에서 유사 송국리식 주거지란 학계에서 '반송리식주거지' 또는 '어은식주거지'로
　　명명되고 있는 주거지로, 장방형의 평면형태에 타원형 중앙수혈 또는 중앙중심 기
　　둥이 확인된 주거지를 말한다.

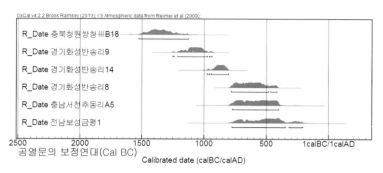

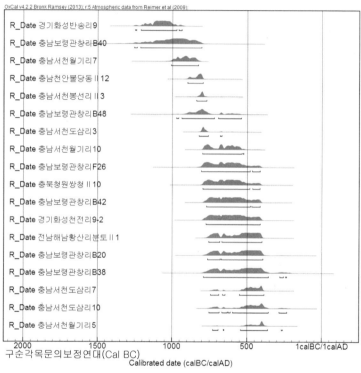

〈도 35〉 공열문과 구순각목문의 보정연대

먼저 공열문, 구순각목문 등이 확인된 송국리식주거지의 C14연대를 살펴보았다. 그결과 공열문은 BP.3100~2400년 사이에, 구순각목문은 BP.2900~2350년 사이에 고루 분포하는 것으로 나타났다. 그리고 유사 송국

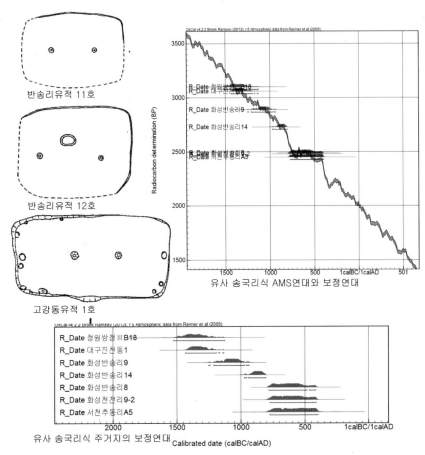

반송리유적 11호

반송리유적 12호

고강동유적 1호

유사 송국리식 AMS연대와 보정연대

유사 송국리식 주거지의 보정연대

〈도 36〉 유사 송국리식 주거지의 연대

리식주거지는 BP.3100~2450년 사이에 고루 분포하는 것으로 나타났다.

이런 연대분포는 송국리유형의 중심연대가 BP.2800~2250년이란 점에서 볼 때, 다음과 같이 정리할 수 있다.

① 공열문, 구순각목문, 유사 송국리식주거지의 상한은 모두 송국리유형의 중심연대보다 이르다.

② 공열문, 구순각목문, 유사 송국리식주거지의 하한은 모두 송국리유형의 중심연대 내에 분포한다.

③ ①과 ②로 볼 때 선송국리유형의 출현은 송국리유형보다 이르다.

4) 송국리유형의 형성과정

전술한 바와 같이 C14연대상으로만 본다면 선송국리유형은 송국리유형보다 먼저 출현하였다. 그렇다면 선송국리유형에서 송국리유형은 어떠한 과정을 통해 형성되었을까? 이를 위해 (선)송국리유형에 해당되는 유적의 분포를 BP.2650년을 기준으로 살펴보았다. 그 결과 BP.2650년보다 이른 유적들은 모두 경기남부, 호서지방, 영남내륙지방에만 분포하는 것으로 나타났으며, BP.2650년보다 늦은 유적들은 경기남부, 호서지역, 영남지역, 호남지역에 분포하는 것으로 나타났다. 또한 전기문화의 요소인 공열문, 구순각목문, 유사 송국리식주거지의 경우도 대부분 경기 남부와 호서지방에서만 확인되었다. 이것은 송국리유형이 BC 2650년 이전에는 경기남부·충청·영남내륙지방에

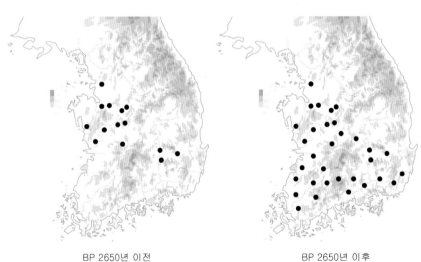

BP 2650년 이전   BP 2650년 이후

〈도 37〉 송국리유형의 시간대별 분포현황

만 분포하다, BC 2650년 이후에는 서남부지역 전체로 확산된다는 것을 의미한다.

그런데 경기남부·호서·영남내륙지방은 송국리유형 뿐 아니라 양적으로 전기의 유형들도 상당수 확인되는 지역, 즉 송국리유형과 전기 문화권의 접경에 해당되는 지역이다. 결국 이러한 현상들은 전기 문화가 서남부지역으로 확산되는 과정에서 호서지방과 영남내륙지방에서 선송국리유형이 출현하게 되고 다시 선송국리유형이 서남부전역으로 확산되면서 송국리유형이 출현하는 것으로 이해할 수 있다.

만약, 외래기원설의 주장대로 접경지역의 선송국리유형이 문화접변의 결과가 되기 위해서는 선송국리유형의 C14연대가 송국리유형이나 전기의 유형들보다 늦은 것으로 나타나야 하는데, C14연대에서는 오히려 이른 것으로 나타났다. 따라서 송국리유형은 전기의 유형에서 파생되어 선송국리유형이라는 '양식적 전환기'를 거쳐 서남부지역으로 확산된 것으로 봐야한다.

2. 송국리단계의 유물·유구변화와 의미

주지하다시피 청동기시대 전기에서 송국리단계[29]가 되면 특정한 유물·유구가 급증하거나 새롭게 출현한다. 토기는 토기의 문양이 급격하게 줄어들거나 사라지고 송국식토기라는 새로운 기형의 토기가 유행한다. 석기는 유병식석검, 일단경식석촉, 삼각형석도, 유구석부가 유행하며, 비파형동검의 출토빈도도 매우 높아진다. 주거지는 송국리식주거지가 새롭게 출현하며, 무덤은 구획묘(묘역식 지석묘)가 출현한다. 학계에서는 이러한 송국리단계의 유구·유물

---

29) 본고에서는 후기의 다른 유형인 북한강유형과 검단리유형에 대해서는 다루지 않으므로 본고에 한해 후기를 '송국리단계'로 부르기로 한다.

조합을 송국리유형(안재호 1992)이라 한다.[30] 송국리유형의 출현으로 인해 청동기시대 사회는 이전의 전기 사회와는 질적으로 다른 단계의 사회로 진입하게 되었다고 보는 것이 학계의 통설인데, 그 대략적인 내용은 다음과 같다.

우선 식량생산에서 이전의 田作 중심에서 水稻作 중심으로 빠르게 재편되며(김범철 2006), 이에 따라 영여생산물이 증가하고 이를 관리하는 방식도 바뀌게 된다(김장석 2008). 또한 거주방식도 이전의 대가족 공동거주 방식에서 소가족 단위로 독립거주하는 방식으로 바뀌게 되는데(김승옥 2006; 송만영 2001), 이는 사회조직의 질적인 변화를 의미하는 것이다. 사회 위계화 정도에서도 이전의 전기 문화에서는 사회 위계화의 흔적이 미미하게 확인되지만, 송국리문화에서는 묘역식 지석묘와 같은 유력 집단(세대공동체)의 존재를 상정할 수 있는 뚜렷한 물질적 증거가 확인된다(김승옥 2006; 안재호 2011). 이러한 일련의 변화를 근거로 송국리 사회를 남한 최초의 계층사회 또는 복합사회로 보는데 이론의 여지는 없다.

이렇듯 송국리단계의 유물·유구는 청동기시대 사회를 질적으로 바꿔 놓을 만큼 혁신적인 것이라 할 수 있는데, 사실 엄밀히 말해 재료나 기본적인 형태에서는 혁신적이라고 할 만한 요소가 많지 않은 것이 사실이다. 물론 전기 사회에서는 매우 드물거나 확인되지 않았던 구획묘, 환호, 비파형동검 등은 혁신적이라고 할 수 있지만, 이것들은 모두 의례나 상징성을 가진 유물이며, 생산도구나 주거지 등과 같이 생계와 관련이 있는 유구·유물에서는 뚜렷하게 혁신적인 요소를 찾기 힘들다.

이에 본고에서는 송국리단계의 생산도구와 주거지가 이전 시기의 그것에 비해 어떤 점이 다르고 혁신적인 것인지, 그리고 그것이 의미하는 것이 무엇인지 고찰하고자 한다.

한편, 본고에서의 전기 또는 전기문화는 학계에서 송국리문화 이전으로 통

---

30) 연구자에 따라 '송국리복합체(우정연 2002)'라 부르기도 한다.

용되고 있는 미사리 · 가락동 · 흔암리 · 역삼동유형을 통칭하는 개념이며, 송국리문화와 동시기로 통용되고 있는 '북한강유형'과 '검단리유형' 등은 논외로 함을 밝혀둔다.

전기~송국리단계의 유구 · 유물의 변화는 이미 많은 연구성과가 축적되어 있다. 세부적인 편년에서 연구자에 따라 약간의 차이는 있지만 전기와 송국리단계를 구분하는 편년에서는 거의 견해가 일치하며, 필자도 이에 대해 별다른 이견이 없다. 따라서 여기에서는 따로 편년을 시도하지 않고 학계의 통설로 정착된 편년을 토대로 살펴보고자 한다.

송국리단계에 출현하거나 급증하는 유구 · 유물 중에 생계와 관련된 것은 송국리식주거지, 송국리식토기, 일단경식석촉, 삼각형석도, 유구석부 등이 대표적이다. 이 가운데 본고에서 살펴볼 유물은 자료가 풍부하고, 편년이나 변화상에 연구자간에 큰 이견이 없으며, 그 기능과 용도가 명확한 송국리식주거지, 송국리식토기, 일단경식석촉, 삼각형석도로 한정하고자 한다. 이들은 청동기시대 유적에서 출토빈도가 높으면서도 생계활동과 직접적으로 관련된 유구 · 유물이기 때문에 본고의 목적과 부합하는 자료이다.

1) 송국리식주거지의 출현: 간편 주거의 출현

'송국리식주거지'란 1) (타)원형 또는 방형의 평면형태에 2) 중앙에 타원형 수혈과 기둥이 배치되고 3) 노지가 없는 구조의 주거지를 말하는데, 연구자에 따라 평면형태가 방형인 것을 '흔암리식주거지', 평면형태가 타원형인 것을 '검단리식주거지'로 부르기도 한다. 송국리식주거지는 원추 또는 사각추의 형태로 복원되는데(김재호 2006), 이러한 복원형태는 청동기시대 장방형계열의 주거지가 맞배지붕의 형태로 복원된다는 것(허의행 2014)과 대비되는 점이다.

송국리식주거지의 출현과정에 대한 연구는 이형원(2006)과 나건주(2013)의 연구가 대표적이다. 두 연구는 세부적으로 약간의 차이가 있지만 전기의 장방형주거지에서 노지가 사라지고, 기둥이 중앙으로 이동하고 타원형 수혈이 발

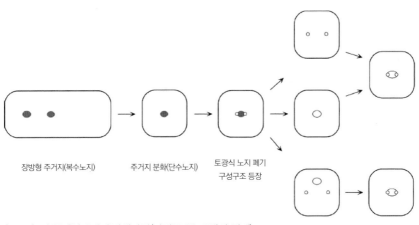

장방형 주거지(복수노지)　　주거지 분화(단수노지)　　토광식 노지 폐기
　　　　　　　　　　　　　　　　　　　　　　　구성구조 등장

〈도 38〉 송국리식주거지 발생과정(나건주 2013에서 전제)

생하며, 평면형태는 장방형에서 방형, 그리고 다시 원형으로 변천한다고 보는
점은 동일하다. 그러나 두 연구에서 이러한 변화가 일어나는 원인이나 배경에
대해서는 뚜렷한 견해를 제시하지 못하였다. 현재까지의 연구경향을 봤을 때
송국리주거지의 발생 요인에 대한 견해는 '가족구성체의 변화(거주방식의 변
화)'라는 측면에서 해석하는 정도가 유일하다고 할 수 있다(안재호 1996; 김승옥
2006). 그런데 이런 해석으로 주거면적의 감소는 설명할 수 있어도 주거 구조
의 변화는 설명할 수 없다.

　가옥의 형태와 구조에 영향을 주는 요소는 다양하지만 자연에 대한 지배력
이 약했던 선사시대에는 자연환경이 가장 큰 영향을 주며 그중 식생은 주거
의 재료에 절대적인 영향을 미치는 것으로 알려져 있다(아모스 라포포트 1985).
따라서 필자는 전기장방형주거에서 송국리식주거지로의 변화는 식생차이에
따른 건축구조의 차이와 관련이 깊다고 생각한다.

　우선 전기 장방형주거지는 장방형 또는 세장방형의 평면 형태에 복수의
노지가 확인되는 것이 일반적인 특징이다. 학계에서는 이를 관산리식주거지
(안재호 1996), 역삼동식주거지 등으로 부르고 있으나 본고에서는 먼저 붙여

진 이름인 관산리식주거지로 부르기로 한다. 허의행(2014)의 복원 안과 필자의 견해(2013)를 참고하면 관산리식주거지는 맞배지붕의 골조이며, 기둥, 도리, 보 등은 물론이고 벽체와 서까래까지 목재로 만든 목조주거이다. 따라서

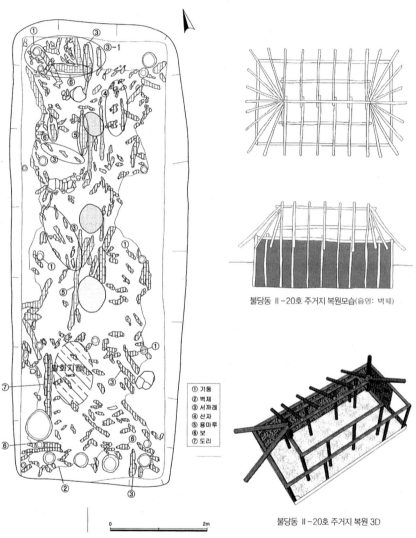

① 기둥
② 벽체
③ 서까래
④ 선자
⑤ 용마루
⑥ 보
⑦ 도리

0   2m

불당동 Ⅱ-20호 주거지 복원모습(음영: 벽체)

불당동 Ⅱ-20호 주거지 복원 3D

〈도 39〉 관산리식주거지 복원안(허의행 2014에서 전제)

이를 받아들인다면 주거를 축조할 때 상당량의 목재가 사용되었으며, 김민구(2007)와 김현식(2008)의 연구를 참조할 때,[31] 주변에서 쉽게 구할 수 있는 喬木[32]을 주된 목재로 사용했던 것으로 생각된다.

다음은 송국리식주거지에 대해서 살펴보자. 송국리식주거지는 화재로 폐기된 주거지의 빈도가 매우 낮고, 화재로 폐기된 주거지라도 바닥에 재만 남아 있거나 소량의 목탄만 확인된다. 실례로 관창리유적 129동의 송국리식주거지 중에 화재의 흔적이 있는 주거지는 F지구 10호 주거지 단 1동이다. 이에 반해 전기 유적인 백석동유적 83동의 주거지 중에 화재주거지는 19동이다. 이러한 점은 관산리식주거지의 화재 빈도가 높고, 골조로 사용된 것으로 추정되는 목탄이 상대적으로 많이 확인된다는 점과 대비되는 점이다. 이런 이유로 송국리식주거지는 관산리식주거지에 비해 주거를 복원하기가 쉽지 않으며, 주거의 외형이 원추형(평면 형태가 방형일 경우에는 사각추)이라는 것 외에는 그다지 연구된 바가 없다(김재호 2006). 그러나 몇 가지 사례와 현상에 주목해 본다면 다음과 같은 추론이 가능하다.

일단 건축구조적인 측면에서 봤을 때 맞배지붕의 주거보다 원추형 주거가 더 간단한 구조이고 주거조성에 있어서도 상대적으로 간편하다. 세계사적으로 봤을 때도 원추형 주거는 맞배지붕 주거보다 조성이 간편하다고 알려져 있고, 그렇기 때문에 원추형구조의 주거는 소형 주거, 이동식 주거, 간헐적 주거인 경우가 많다(노버트 쉐나우어 2004). 따라서 송국리식주거지가 관산리식주거보다 주거를 조성하는데 들어가는 비용이 낮다고 볼 수 있다.

주거를 조성하는 재료에 있어서도 송국리식주거지에 사용되는 喬木의 상대적인 양이 적다고 볼 수 있는데, 이러한 점은 화재로 폐기된 송국리식주거

---

31) 화재주거지의 목탄을 분석한 결과, 중부지방에서는 소나무류를 사용하고 남부지방에서는 참나무류를 사용했다고 한다.

32) 높이 2m 이상의 줄기와 가지가 명확한 나무, 구조재로 사용가능한 나무를 말하는데, 남한의 식생환경에는 소나무류와 참나무류가 대표적인 수종이다(강영희 2008).

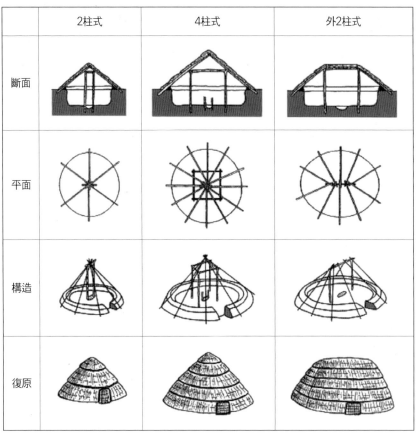

	2柱式	4柱式	外2柱式
斷面			
平面			
構造			
復原			

〈도 40〉 송국리식주거지 복원도(김재호 2006에서 전재)

지에서 확인되는 목탄의 양이 적거나 아예 재만 확인된다는 점을 통해서 추론이 가능하다. 즉 화재로 폐기된 송국리식주거지에서 목탄의 양이 적다는 것은 주거조성에 사용된 목재의 양의 적었거나 아니면 골조로 사용된 부재가 喬木이 아님을 시사한다.[33] 현재로서는 이를 알 수 있는 분석시료가 전무하다

---

33) 우리나라 청동기시대 주거지에서 확인되는 목탄은 거의 喬木류(소나무, 참나무류)에 해당된다.

는 근본적인 한계 때문에 자연과학적인 방법으로는 사용된 부재의 종류를 알수 없다. 그러나 정황적 증거와 기존의 연구성과를 참고하며 어느 정도 추론이 가능하다.

필자는 송국리식주거지의 분포범위가 대나무 숲의 분포한계 범위와 거의 일치한다는 점과 대나무의 화학적 특성[34] 등을 근거로 송국리식주거지 조성에 대나무를 사용했을 가능성이 높다고 생각한다. 즉 하중을 많이 받는 부재인 중심기둥과 도리 정도에는 교목을 사용하고 상대적으로 하중을 적게 받는 부재인 서까래에는 대나무를 사용하였을 것으로 추정된다. 이렇게 송국리문화에 대나무가 폭넓게 사용되었다는 점은 이미 황창한의 연구(2012)[35]에서도 언급된바 있다. 그렇다면 관산리식주거에서 송국리식주거가 출현하게 된 배경은 무엇인가? 다시 말하면 어떠한 원인과 배경을 통해 관산리식주거지에서 송국리식주거지가 출현하였는가?

예외가 있긴 하지만, 청동기시대 전기 취락의 주된 입지는 구릉이나 산지이다. 일반적으로 구릉이나 산지는 산림 발달해 있고 또한 이전시기인 신석기시대 문화가 주로 해양자원을 이용한 수렵채집사회였기 때문에 풍부한 산림이 그대로 유지되고 있었을 것이다. 따라서 주거조성에 필요한 喬木이 풍부했을 것이고 이러한 식생환경은 관산리식주거지의 골조가 맞배지붕이 되게 하는 주요한 배경이 되었을 것이다. 또한 풍부한 喬木은 서까래나 벽체의 조성에도 喬木을 이용하게 되는 배경도 되었을 것이며, 대형주거를 조성하려는 사회적 환경과도 부합했을 것이다(대형주거의 조성에는 많은 양의 목재가 필요하므로).

그런데 전기 문화의 토지이용 전략이 배타적인 방식이고 이로 인해 전기문

---

34) 대나무는 불이 붙으면 완전 연소되어 약간의 재만 남기 때문에 인위적으로 숯을 만들지 않는 이상 잔존물이 거의 없다(국립산림과학원 2005). 따라서 유구 내에서 그 흔적이 남아있기 어렵다.

35) 황창한은 송국리유형 석촉의 경부(유엽형일단경식석촉) 형태가 대나무에 장착하기 위한 형태라고 주장하였다.

화가 급속하게 확산되었다는 견해(김장석 2002)와 전기의 농경형태를 화전농경으로 보는 견해(이현혜 1997; 안재호 2000)를 수용하면 전기의 풍부한 산림환경은 그리 오래가지 못하였을 것이다. 즉 농지를 조성하고 취락이 확산되는 과정에서 산림 훼손이 반복되면 필연적으로 목재의 수요와 공급에 불균형이 초래할 수밖에 없으며, 이는 주거조성 주요 재료인 喬木의 감소와 부족을 의미하는 것이다. 이러한 자연적·사회적 환경변화는 주거 조성에서 喬木의 사용을 억제하였을 것이며 나아가 주거지의 구조에 변화를 주게 되어 골조에 교목의 사용량이 줄어 송국리식주거지가 발생하게 되는 중요한 배경이 되었다고 생각된다.

송국리식주거지의 중심인 호남지방에는 관산리식주거지의 발견예가 많지 않으며, 역으로 관산리식주거지의 중심지인 중부지방에서 송국리식주거지가 거의 없다. 이런 현상을 환경결정론적인 시각으로 해석하면 관산리식주거지는 중부지방 자연환경에 적합한 주거지이고 송국리식주거지는 호남지방 자연환경에 적합한 주거지란 해석이 가능하다. 그렇다면 양 지역의 자연환경에는 어떠한 차이가 있으며 그것이 어떤식으로 주거의 형태에 반영되는가?

먼저 지형적인 측면에서 중부지방은 호남지방에 비해 구릉이나 산지의 비율이 높기 때문에 상대적으로 산림의 비율이 높기 때문에 호남지방에 비해 목재 소비량이 많은 관산리식주거지가 입지

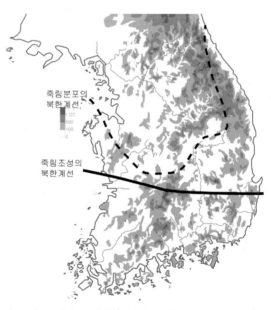

〈도 41〉 죽림의 분포현황(국립산림과학원 2005 일부수정)

하기에 유리한 지형이라 할 수 있다. 이에 반해 호남지방은 평지와 충적지가 발달해 있어 상대적으로 관산리식주거지가 입지하기에 상대적으로 중부지방보다 불리하다 할 수 있다. 호남지방에서 관산리식주거지가 드물게 확인되는 점과 산림이 상대적으로 적은 평지나 충적지에서 확인되는 주거지가 대부분 송국리식주거지란 사실도 이를 뒷받침한다.

또한 양 지역은 식생에서 차이를 보이는데 중부지방의 산림의 식생은 온대림대에 해당되며 주거의 구조재로 적합한 喬木이 풍부하다(공우석 2003). 이에 반해 호남지방의 식생은 온대림과 난대림이 섞여 있으며 한반도에서 대나무숲이 가장 잘 발달된 지역이기도 하다(국립산림과학원 2005). 이런 양 지역의 식생차이 역시 주거지의 구조와 형태를 결정하는데 중요한 배경 중에 하나로 볼 수 있다.

전술하였듯이 경기남부·호서지방의 송국리식주거지의 C14연대가 호남지방 송국리식주거지의 C14연대보다 이르다는 것을 근거로 송국리식주거지의 발생지를 경기남부~호서북부로 비정한 바 있다. 이러한 필자의 견해는 관산리식주거지와 송국리식주거의 연결고리 형식으로 알려져 있는 반송리식주거와 휴암리식주거가 경기남부~호서북부에서 확인된다는 사실과도 일맥상통한다.

이상을 내용을 정리하여 송국리식주거지의 발생과정을 설명하면 다음과 같다. 전술한 바와 같이 청동기시대 전기 문화는 토지와 산림자원을 경쟁적으로 이용하면서 서남부지역을 제외한 남한 전역으로 급속하게 확산된다. 이런 경쟁적 확산 과정에는 경쟁에서 밀려난 집단이 생겨나기 마련인데, 경쟁에서 밀려난 집단은 그대로 도태되기도 했을 것이고, 일부는 경쟁을 피해 비교적 전기의 문화가 덜 퍼져있는 서남부쪽으로의 이주를 선택했을 것이다. 그리고 그 집단은 서남부지역으로 확산하면서 서남부지역의 자연환경에 맞게 진화했을 것이고, 필자는 그 문화가 송국리문화라고 생각한다. 따라서 송국리식주거지는 경기남부~호서북부의 관산리식주거지에서 파생되어 서남부지방으로 확산되는 과정에서 서남부지역의 자연환경에 맞게 진화한 주거지이다.

그렇다면 송국리식주거지는 관산리식주거지에 비해서 어떤점이 혁신적인가? 사실 주거의 기능과 견고함에서 보면 송국리식주거지는 관산리식주거지보다 그 기능이 떨어진다. 그러나 주거의 규모가 작고 구조가 단순하기 때문에 주거의 조성비용에서 본다면 매우 효율적인 주거지이다. 따라서 송국리식주거지는 주거면적이 작고 견고함이 떨어지지만, 주거 조성의 간편함이 극대화된 형태의 주거지로 볼 수 있다.

2) 송국리식토기의 출현: 토기제작시간의 절감

송국리단계에 나타나는 토기의 변화 중에서 가장 두드러진 점은 크게 두 가지이다. 첫째는 토기에 시문되는 문양이 현저히 줄어들거나 사라진다는 것이고, 둘째는 전기의 호형토기가 송국리식토기로 대체된다는 점이다(박순발 2001). 토기 문양의 퇴화는 제작의 간편화와 관련이 깊다고 보는 것이 합리적인 해석이고 이는 이미 기존의 연구들에서 많이 언급되고 있다.

문제는 호형토기에서 송국리식토기로의 변화인데 아직까지 호형토기에서 송국리식토기로의 변화가 토기의 기능과 용도에 어떤 영향을 주었는지에 대해 주목할만한 견해는 없다. 다만 박순발이 호형토기에서 송국리식토기로의 변화를 저장기능의 강화과 관련이 있는 것으로 보고 있지만, 구체적으로 어떤 점에서 저장기능의 강화인지 설명이 부족하며, 오히려 용량면에서만 본다면 그 기능이 후퇴한 것으로 볼 수도 있다. 또한 조리 흔이 확인되는 예도 많기 때문에 저장과 관련된 기능의 변화로 단정하기도 어렵다.

연구자마다 약간의 차이를 보이기는 하지만, 호형토기에서 송국리식토기로의 형식학적인 변화는 대체로 〈도 43〉과 같이 변천한다고 알려져 있다. 변화의 핵심은 동체와 경부의 경계가 사라지고 구연이 직립에서 외반으로 변한다는 것인데, 이러한 변화를 토기의 기능변화로 볼만한 뚜렷한 근거는 없다. 다만 상대적으로 동체에 비해 구연의 직경이 좁아진다고 볼 수 있겠지만, 그런 점이 토기의 어떤 기능에 유리하게 작용하는지 명확하지 않다. 일반적으로

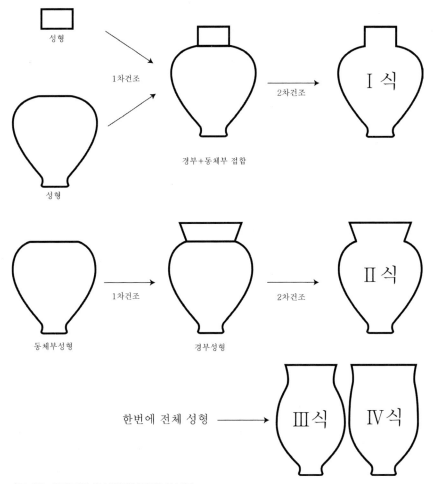

성형

1차건조

경부+동체부 접합

2차건조

Ⅰ식

성형

동체부성형

1차건조

경부성형

2차건조

Ⅱ식

한번에 전체 성형

Ⅲ식   Ⅳ식

〈도 42〉 호형토기 형식별 제작공정 모식도

액체류를 보관하기에는 구연부가 좁은 것이 상대적으로 유리하다 볼 수 있지
만, 저장대상이 액체류라고 볼 근거가 없다. 이러한 점들을 종합해보면 송국
리식토기로의 변화는 토기의 기능적인 변화와는 큰 관련이 없다는 결론에 도
달하게 된다.

송국리식토기로의 변화가 토기의 기능과 관련된 변화가 아니라면, 송국리

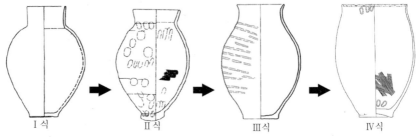

〈도 43〉 송국리식토기의 형성과정

식 토기로의 변화는 토기의 제작 기법과 관련된 변화로 밖에 볼 수 없다. 이를 증명하기위해 토기제작과정을 복원해 보고 각 형식별로 어떠한 차이가 있는지 살펴보고자 한다.

우선 무문토기의 제작과정을 간단히 요약하면 '1) 성형 → 2) 건조 → 3) 소성'인데 각 형식별 기형적 특징을 고려하면 I~IV식 토기의 제작과정이 동일하지 않은 점을 추론할 수 있다.

우선 I식에 해당되는 토기들의 제작과정이 경부와 동체부를 따로 성형하고 1차 건조한 후에 경부와 동체부를 접합하여 제작한다는 것은 이미 널리 알려진 사실이다. 이런 증거는 I식과 토기에 해당되는 토기의 내면에서 경부와 동체부를 접합한 흔적이 흔히 관찰된다는 점에서 알 수 있으며, 물레나 타날을 이용하지 않는 이상, 토기 기형상의 한계 때문에도 성형과정에서 충분한 건조시간을 확보하거나 경부와 동체부를 따로 만들지 않는 이상, 토기를 한번에 성형할 수 없다. 따라서 I식 토기는 동체와 경부를 따로 성형하여 접합하거나, 동체가 성형·건조된 뒤에 경부를 붙여 올렸을 것으로 추정된다.

II식 토기는 동체는 I식과 같으나 경부가 외반된 형식으로 볼 수 있다. 그런데 II식 토기에서는 경부와 동체의 접합흔적이 뚜렷하게 관찰되지 않는다. 따라서 I식처럼 경부와 동체를 따로 성형한 후에 접합했을 가능성은 희박하다. 그렇다면 경부와 동체부를 한 번에 성형하였다고 볼 수 있는데, 이럴 경우 토기의 기형상 동체에서 경부를 성형할 때 토기가 틀어질 가능성이 매우 높다. 그러므로 동체부까지 성형한 후 약간의 건조과정을 거쳐 경부를 성형했을 것으로 추정된다. III식과 IV식 토기는 특별한 근거를 제시하지 않아도 저부에서 구연부까지 한번에 성형한 토기라는 것을 알 수 있다.

각 형식별 토기제작 공정을 모식화하고 비교한 것이 〈도 42〉이다. 모식도와 같이 I식에서 IV식으로 갈수록 토기를 성형하는 절차가 간소해지고 성형에 걸리는 시간도 짧다는 것을 알 수 있다. 즉 호형토기에서 송국리식토기로의 형식변화는 토기제작을 간소화하고 제작시간을 줄이고자하는 의도가 반영된 결과로 볼 수 있다.

이상과 같이 호형토기에서 송국리식토기로의 변화는 토기제작 기법의 변화가 반영된 것이며, 변화의 요인은 '토기제작시간의 절감'이다. 즉 호형토기에서 송국리식토기로의 변화는 토기의 기능적 향상이 아니라 토기의 제작시간 절감이다.

3) 선형석기와 일단경식석촉의 출현: 석촉제작의 생산성 증대

석촉은 청동기시대 석기 중에 가장 출토가 빈번한 유물인데, 그 만큼 사용량이 많은 도구였다는 것을 시사한다. 청동기시대에 석촉이 무기로 사용되었을 가능성이 없진 않지만(손준호 2007), 아직 한국 청동기시대에 전업 군사집단이 존재했다는 명확한 증거가 없다는 점과 재가공품이 많다는 점에서 기본적으로 수렵과 관련된 생산도구로 보는 것이 합리적이다. 기본용도는 수렵이지만, 경우에 따라서는 무기로 전용되었을 가능성도 있다. 그러나 수렵용이든 무기이든 그 주된 기능이 '대상물의 관통'이라는 점에서 본질적으로 용도에 따른 기능적 차이는 미미하다.

석촉의 변천은 연구자들 간에 형식명이나 세부적인 분류에서 약간의 차이가 있을 뿐, '무경식 · 이단경식 → 일단평편경식 → 일단첨경식'의 순으로 본다는 점과 무경식과 이단경식은 전기로, 일단편경식과 일단첨경식 송국리단계로 편년한다는 점은 거의 일치한다(안재호 1990; 손준호 2007; 이석범 2012). 손준호(2007)는 이러한 석촉의 변화를 신부 단면이 편평형에서 능형으로 변화한다는 점과 민족지·실험고고학적 연구성과를 근거로 석촉의 변화를 무게 증가에 따른 관통력 증가로 이해하였으며, 나아가 관통력 낮은 편평형촉을 수렵용, 관통력이 높은 능형촉을 무기로 상정하였다. 즉 석촉의 형식변화를 수렵구에서 무기로의 기능 변화로 이해하였다.

석촉의 두께와 무게의 변화가 심한 무경식에서 이단경식으로의 전환은 형식학적 변화로 보기 어렵고 형식학적 변화인 '이단경식 → 일단평편경식 → 일단첨경식'으로의 변화에서는 신부의 두께나 무게의 변화를 확인하기 어렵다. 또한 기본적으로 화살의 관통력에 크게 영향을 미치는 것은 석촉의 무게보다 석촉의 예리함과 활의 장력이라 생각된다. 따라서 석촉의 형식변화를 관통력의 향상으로 보기 어렵다. 그렇다면 석촉의 변화는 석촉의 어떤 기능과 관련이 있는 것일까? 필자는 이와 관련하여 황창한의 견해에 주목할 필요가 있다고 생각된다(황창한 2004; 황창한·김현식 2006).

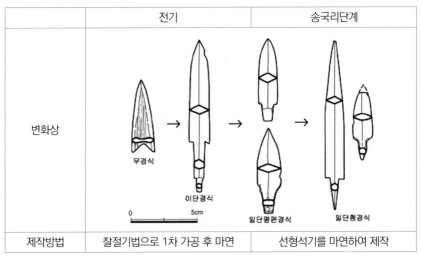

변화상	전기		송국리단계	
제작방법	찰절기법으로 1차 가공 후 마연		선형석기를 마연하여 제작	

〈도 44〉 석촉의 변화상

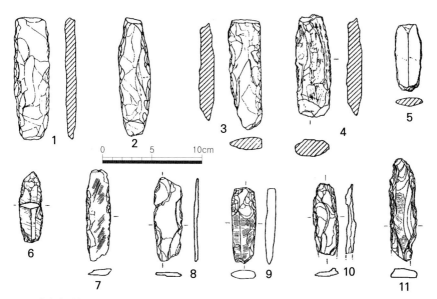

1~5: 관창리유적, 6~11: 진주 대평유적

〈도 45〉 송국리문화의 선형석기

　황창한도 전기~송국리단계 석촉의 변화에 대하여 다음과 같은 견해를 제시하였다. 그는 일단경식석촉류가 船形石器라는 반제품을 간단히 마연하는 과정을 거쳐 제작했으며, 선형석기는 원석 산지에서 양극떼기로 아주 간단히 제작할 수 있다고 하였다. 그리고 이는 원석을 찰절기법+마연작업으로 제작하는 무경식·이단경식석촉의 제작보다 효율적인 제작방법이며, 이단경식에서 일단경식으로의 변화를 석촉의 기능적 향상이 아니라 석촉제작의 효율성 향상으로 이해하였다. 그리고 석촉뿐 아니라 송국리단계의 석창이나 석검도 선형석기를 통해 제작하였다고 주장하였다.

　선형석기의 제작 및 이를 통한 석촉제작의 효율성은 실험고고학을 통해 증명된 바 있는데(황창한 2009), 황창한의 주장대로 선형석기는 일단경식석촉 뿐 아니라 일단경식석창, 일단병식석검, 유경식석검 등 대부분의 송국리단계 劍

鏃類 제작에 이용된 것으로 보인다. 실제로 선형석기 중에는 10cm가 넘는 것이 확인되기도 한다(황창한 · 김현식 2006).

〈도 46〉 선형석기를 통한 일단경식석촉 제작 모식도 (黃昌漢 · 金賢植 2006)

필자는 황창한의 견해에 따라, 석촉의 변화는 석촉자체의 기능적인 향상보다는 석촉제작의 생산성 증대와 관련이 깊다고 생각된다.

4) 삼각형석도의 출현: 전용 수확구의 출현

주지하다시피 석도는 청동기시대 농경과 관련된 대표적인 유물로 알려져 있으며 연구성과도 비교적 많이 축적되어 있는 편이다. 석도는 다양한 형식분류가 시도되었으나 변화상자체는 연구자들 간에 큰 차이가 없다. 대체로 〈도 47〉과 같이 '방형 · 즐형 · 어형 → 주형 → 삼각형'순으로 보고 있다(김원룡 1972; 안승모 1985; 손준호 2002; 김민지 2012). 석도의 변천에서 가장 큰 흐름은 손준호

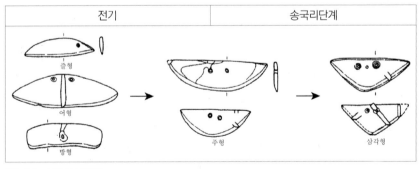

〈도 47〉 석도의 변화상

(2002)의 견해대로 인부의 평면형태가 弧刀에서 直刀으로 변화하는 것인데, 인부의 단면형태도 兩刀 → 單刀으로 변한다고 알려져 있다(김민지 2012).

석도의 변화에 대하여 손준호(2002)는 인부의 평면형태가 호인에서 직인으로 변하고 호인보다 직인이 상대적으로 제작이 간편하다는 것에 주목하여 호인에서 직인으로의 변화를 도구제작의 효율성이 증가하는 것으로 보았다. 필자는 손준호의 견해에 대체로 공감하지만, 삼각형석도의 출현에 대해서는 조금 다른 시각에서 접근할 필요가 있다고 생각한다.

평면형태로만 본다면 삼각형으로의 변화는 인부가 곡선에서 직선으로 변한다는 것 외에 사용날의 증가를 의미한다. 즉 〈도 48〉과 같이 삼각형석도 이외의 석도에서는 한 변만 사용날로 볼 수 있지만, 삼각형석도에서는 날이 선두 변을 사용날로 볼 수 있다. 즉 사용날이 1개에서 2개로 증가한다는 것인데, 이는 제작의 간편함 외에도 석도의 사용수명을 2배로 늘리는 효과도 노릴 수 있다. 삼각형석도의 날을 이루는 두 변의 각이 둔각에서 예각으로 변한다는 견해(송만영 1995)도 이런 변화가 반영된 것으로 볼 수 있다.

그리고 호인류석도는 삼각형석도에 비해 날이 길고 휘어져있기 때문에 대상물을 끊는 작업보다 썰거나 베는 작업에 유리하다. 이에 반해 삼각형석도는 호인류 석도에 비해 날이 짧고 곧기 때문에 대상물을 썰거나 베는 작업에는 그다지 적합하지 않고 대상물을 끊는 작업에 더 적합하다 할 수 있다. 이는 실험고고학에서도 그런 점들이 증명된 예가 있다(신경숙 외 2011). 따라서 호인

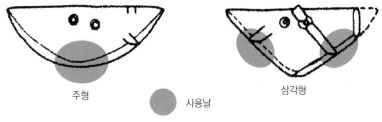

주형   사용날   삼각형

〈도 48〉 석도의 사용날 비교

류 석도는 대상물을 썰거나 베는 것이 주된 기능이라고 볼 수 있으며, 직인류 석도는 대상물을 끊는 것이 주된 기능이라고 볼 수 있다. 또한 날이 사용날이 두 개가 되기 때문에 사용날이 하나인 주형석도보다 사용기간이 길다.

이상을 종합해보면 석도는 애초에 썰기, 베기, 끊기 등 다양한 기능을 가진 도구였으며 다양한 기능 중에 '끊기'를 이용하여 곡식을 수확하기도 했을 것이다. 그러다 점차 '끊기'에 초점이 맞춰져 형식적인 변화를 거치게 되고 '끊기'에만 특화된 형식이 바로 삼각형석도로 볼 수 있다. 즉 호인류석도는 수확구 외에 다른 용도로도 쓰였을 것이며, 삼각형석도는 수확구로만 쓰였을 가능성이 높다.

5) 송국리유형의 출현과 의미

이상으로 전기~송국리단계의 유구·유물 변화를 살펴보고 그것이 의미하는 것이 무엇인지 고찰하였다. 그 결과 송국리식주거지는 주거 조성비용의 절감, 송국리식토기는 토기제작의 생산성 향상, 일단경식석촉도 석촉제작의 생산성 향상, 삼각형석도는 석도 자체의 효율성과 석도 제작의 생산성 향상이라는 의미를 부여하였다.

전기주거지에서 송국리식주거지로의 변화는 주거 조성의 비용면에서는 매우 혁신적인 변화이지만, 노지가 없어지고 주거지의 견고함이 감소하였기 때문에 기능적인 측면에서 보면 오히려 퇴화한 것이라 볼 수도 있다. 토기와 석촉의 경우도 외형적으로 보면 단순한 형태로 변화는 것이지만, 외형의 단순화로 인해 도구 자체의 성능이 감소하는 것은 아니다. 석도는 외형의 단순화를 통해 도구제작의 생산성도 향상되고 수확구로서의 전문성도 향상되었다.

결과적으로 전기~송국리단계의 유물·유구의 변화는 전반적으로 외형이 단순한 형태로 변화한다는 공통적인 특징이 있다. 이러한 점은 석검의 변화에서도 확인된다. 전기~송국리단계의 유물·유구 변화는 제작의 효율성이나 기능의 단순화를 위해 단순한 형태로 변한다는 공통점이 있지만, 형태가 단순해진다고 해서, 도구 자체의 성능이 떨어지지는 않았다고 볼 수 있다.

복합사회나 계층사회가 되기 위해서는 이전보다 높은 생산력이 전제되어야 하는데, 송국리문화의 생산력향상은 도구자체의 기능적 향상보다 도구 생산성 향상을 통해 이루어진 것으로 볼 수 있으며, 이것이 송국리 사회의 특징 중에 하나로 생각된다. 이렇게 도구제작과 주거조성에 들어가는 비용이 절감됨에 따라 송국리문화의 사회적 생산력은 이전의 전기 사회보다 높아지게 되며 이는 송국리사회가 복합사회로 발전할 수 있는 토대가 된다.

VII
검단리유형의 출현배경

횡선문토기, 울산식 주거지, 소형석관묘 등이 출토되는 동남해안지역[36](도 49)의 청동기시대 문화를 '검단리유형', '검단리식 토기문화(이하 검단리유형)' 등으로 명명하면서 이를 독자적인 고고학적 문화로 인식하고(배진성 2005; 이수홍 2005), 검단리유형을 송국리유형의 요소가 희박한 동남해안지역의 후기로 인식한 연구사례(배진성 2005; 이수홍 2005; 천선행 2006)가 있다. 이러한 주장은 이미 이전부터 제기되었던 영남지방 동남해안지역 송국리유형 不在說(동진숙 2003; 황현진 2004)을 근간으로 출발한 것이다. 지금까지 발굴된 동남해안지방 청동기시대 취락유적의 수와 성격을 감안한다면, 동남해안지역 송국리유형 부재설과 검단리유형의 설정은 무리가 없는 주장으로 생각된다. 본 장에서는 청동기시대 후기 문화의 한 축인 검단리유형의 형성과정과 출현배경에 대하여 고찰하고자 한다.

---

36) 지리적으로는 태백산맥 以東의 형산강, 태화강, 동천강, 회야강유역이며, 행정적으로는 경주, 포항, 울산, 양산의 일부지역이다.

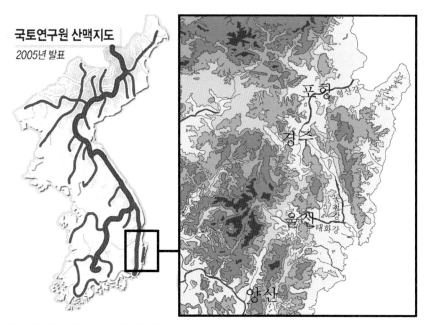

국토연구원 산맥지도

<도 49> 영남지방 동남해안지역 지세도

1. 검단리유형의 핵심 요소

　검단리유형의 구성요소는 두 연구자(배진성 2005; 이수홍 2005)에 의해 이미
많은 연구가 진행되었다. 이들이 설정한 검단리유형의 구성요소를 정리하면
검단리식토기,[37] 석창, 동북형석도, 단면 타원형 혹은 방형의 토제 어망추, 주
형석도, 울산식 주거지, 방형의 소형석관묘 등이다.

---

37) 배진성과 이수홍의 검단리식토기에 대한 개념은 서로 약간의 차이가 있다. 이수홍
　은 押捺短斜線·橫線文土器만 검단리식 토기로 한정한 반면, 배진성은 파수부토기
　와 소형옹 등도 검단리식토기에 포함시키고 있다. 이글에서 사용하는 검단리식토기
　는 이수홍의 개념을 따르도록 하겠다.

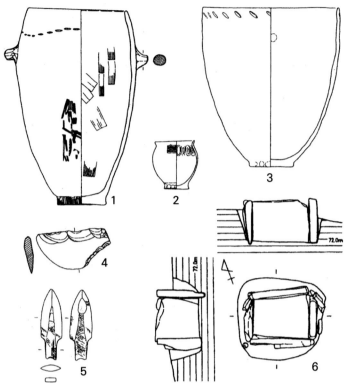

1・2・4: 검단리, 3: 교동리456, 5: 천상리, 6: 신현동 황토전

〈도 50〉 검단리유형의 주요 유물과 유구(축척-토기 1/8, 석기 1/5, 유구 1/50)

그런데 이들이 지적한 검단리유형의 요소 중에는 다른 지역에서도 확인되는 것이 많다. 예를 들면 파수부심발형토기, 소형옹, 동북형석도, 방형 혹은 타원형의 어망추, 주형석도 등은 동남부지역과 상당한 거리에 있는 지역에서도 확인되는 유물들이다. 이점에 대해서 연구자들도 이미 인식하고 있는지, 검단리유형을 가장 잘 나타내는 요소가 橫線文土器라 보고 횡선문토기의 분포범위를 기준으로 유형의 권역을 설정하였다(배진성 2005; 이수홍 2005). 즉, 검단리유형의 핵심요소를 횡선문토기로 인식한 것이다.

하나의 考古學的類型(Archaeological Assemblage)은 여러 가지 部分類型(Subcultural Assemblage)과 技術的類型(Technological Assemblage)으로 조합되어 있다고 할 수 있다(박순발 1999). 그리고 하나의 고고학적유형에는 그 유형을 대표하는 몇 개의 핵심요소가 있는 것이다. 핵심요소는 다른 고고학적 유형에서는 보이지 않거나 드물게 확인되는 독특한 요소이어야 하며 해당 고고학적유형에서는 출토빈도가 다른 요소들보다 높아야 한다. 예를 들어 송국리유형은 송국리식주거지와 송국리식토기라는 독특한 두 가지의 중요한 핵심요소로 구성되어 있는 것이다. 그런데 기존의 연구에서는 검단리유형의 핵심요소를 검단리식토기 한가지로만 인식하고 있는 것으로 보인다. 이는 청동기시대의 다른 고고학적 유형들이 대체로 2개 이상의 핵심요소로 구성되는 것과는 대조적이다. 따라서 검단리유형을 대표하는 핵심 요소에 검담리식토기 이외에 다른 요소를 포함시켜야 할 것이다. 필자는 울산식주거지를 검단리유형을 대표하는 핵심 요소에 포함시키고자 한다.

그런데 유병록(2005)은 울산식주거지의 특징인 벽주구와 돌출구(배수구)는 다른 지역과 문화에서도 확인되는 주거지라하며 울산식주거지가 동남해안지역의 특징적인 주거지가 아니라고 주장하였다. 이러한 주장은 울산식(형)주거지에 대한 잘못된 인식에서 기인한 것으로 생각된다. 울산식(형)주거지란 단어를 최초로 사용한 연구자는 趙賢庭(2001)이다. 그는 장방형 주거지에 무시설식 노지, 벽

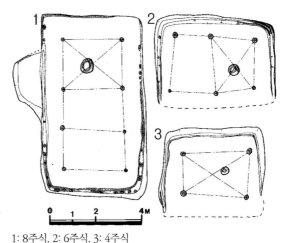

1: 8주식, 2: 6주식, 3: 4주식

〈도 51〉 울산식주거지 노지와 주혈배치의 정형성

주구, 배수구(돌출구)가 설치된 주거지 울산형주거지로 인식하고 이를 동남해안지역의 특징적인 주거지로 인식하였지만, 이러한 주거지는 흔암리유형에서 쉽게 찾을 수 있는 주거지형식이기 때문에 동남해안지역의 지역성을 나타내는 주거지로 볼 수 없다. 아마도 유병록의 주장은 조현정의 잘못된 인식을 여과 없이 수용한 결과가 아닐까 추정된다.

　　필자는 주거지의 주혈이 주거바닥 모서리에 4각으로 배치된다는 점, 주혈의 수는 주거의 규모에 따라 4·6·8주식의 차이를 보인다는 점, 노지의 위치는 단축 중앙에서 장축으로 치우친 곳에 위치한다는 점, 주거지에서 증축흔적이 확인된다는 점(도 51) 등을 울산식주거지의 특징으로 인식하였다(김현식 2005). 물론 동남해안지역의 모든 주거지가 울산식주거지는 아니지만, 울산식주거지는 동남해안지방에서만 확인되는 것이 분명하다.

　　조현정과 유병록의 울산식주거지에 대한 개념과 인식은 필자의 것과 완전히 다르다. 이들이 울산식주거지의 특징으로 인식한 장방형의 평면형태, 벽주구, 배수구(돌출구) 등은 사실 다른 지역 전기 주거지에서도 확인되는 특징이다. 그러므로 조현정과 유병록의 울산식주거지에 대한 개념은 잘못된 것이라 할 수 있다.

　　나머지 파수부심발형토기, 소형옹, 동북형석도, 방형 혹은 타원형의 어망추, 주형석도 등의 요소들은 보조적인 요소로 볼 수 있으며, 특정유적이 검단리유형으로 설정되기 위해서는 핵심 요소가 반드시 포함되어 있어야 할 것이다.

2. 전기문화와 검단리유형과의 관계

　　동남해안지역의 청동기시대 문화의 특징 중에 하나는 전기 무문토기의 요소가 강하다는 것이다. 토기문양에서 검단리식토기를 제외하면 나머지 무문토기의 문양구성과 유물조합은 전기 무문토기의 문양구성과 동일하다. 주거지의 경우에도 울산식주거지만 있는 것이 아니라 전기의 대표적인 주거지인 관산리식주거지도 확인되고 있다.

앞에서 고찰하였듯이 동남해안지역의 양상은 전기문화의 전형적인 양상, 전기문화와 검단리유형이 혼재되어 있는 양상, 검단리유형 만으로 구성되는 양상 등의 세 개의 양상으로 유형화 할 수 있다. 이러한 양상에 대하여 배진성(2005)은 크게 흔암리단계와 검단리단계로 양분[38]하고 검단리 단계를 늦은 단계로 보았다.

그런데 검단리유형의 제 요소를 살펴보면 송국리유형에 비해 전기문화의 전통이 강하게 남아있음을 알 수 있다. 우선 장방형계통의 주거지가 확인되는 점, 주거지의 증축방법이 유사하다는 점,[39] 검단리식토기가 흔암리식토기와 공반되는 경우가 많다는 점에서 알 수 있다.

이러한 필자의 인식은 검단리식토기가 흔암리식토기에서 변화한 것이라는 천선행의 견해(2006)와 같은 선상에 있는 것이라 할 수 있다. 그리고 검단리유형을 흔암리문화의 亞文化로 인식한 최종규(2005, 223쪽)와도 같은 맥락이긴 하지만, 최종규는 검단리유형을 송국리유형과 시기적으로 평행한 관계로 보지 않고 전기의 다른 유형들과 동일한 시간적 범주로 묶었다. 어쨌든, 현재의 자료로 볼 때, 동남해안지역 후기 문화가 검단리유형이란 점, 그리고 재지의 전기문화에서 출현하였다는 점은 분명하다.

3. 검단리식토기의 형성과정

검단리식토기(도 52)의 형성과정은 이수홍(2005)과 천선행(2006, 272~274쪽)에 의해 연구가 이루어졌다. 필자는 그들의 견해에 이견이 없으므로 검단리식토기의 형성과정에 대한 것은 천선행의 견해를 중심으로 살펴보도록 하겠

---

38) 배진성은 흔암리유형과 검단리유형이 혼재하는 유적을 2단계로 분리하였다.
39) 관산리식주거지에서도 울산식주거지의 증축방법과 유사한 방법으로 증축된 주거지가 확인된다.

〈표 33〉 형산강 · 태화강유역 무문토기 문양의 공반관계

이중구연단사선	이중구연단사선+문양	구순각목공열문	단사선(낟알)+문양
●			
●	●		
●	●	●	●
	●	●	●
		●	●
			●
			●

다. 그는 남한 무문토기의 변화가 복합문양에서 단독문양으로 변화한다는 일반론을 바탕으로 검단리식토기의 변화과정을 5단계로 구분하였다. 변화상을 간단히 설명하면 다음과 같다.

1단계 : 구순각목+단사선+공렬문(돌유문) 또는 이중구연+단사선문+공렬문이 복합된 문양으로 나타난다.

2단계 : 1단계의 이중구연과 구순각목이 소멸되어 공렬문+단사선문이 복합된 문양으로 나타난다.

3단계 : 2단계의 공렬문이 소멸되어 단사선문으로 나타나는 단계이다. 공렬문도 단독문양으로 나타난다.

4단계 : 3단계의 단사선문이 짧은 압날단사선문 형태로 나타나고 구연부에 가깝게 시문된다.

5단계 : 4단계의 압날단사선문이 횡선문화되어 나타난다. 일부 공렬문이 압날수법으로 시문되기도 한다.

1 · 2단계를 흔암리식토기단계로 3~5단계를 검단리식토기단계로 설정하였다.

검단리식토기는 '복합문양 → 단순문양, 단사선문 → 낟알문 공렬문 → 변형

(압날)공렬문'이 변화과정의 핵심이다. 이러한 변화과정은 한마디로 시문수법의 간략화로 설명할 수 있다. 시간이 흐를수록 복잡하고 시간이 많이 소요되는 복합문양보다는 간단하게 시문할 수 있는 단순문양이 선택되었으며, 단사

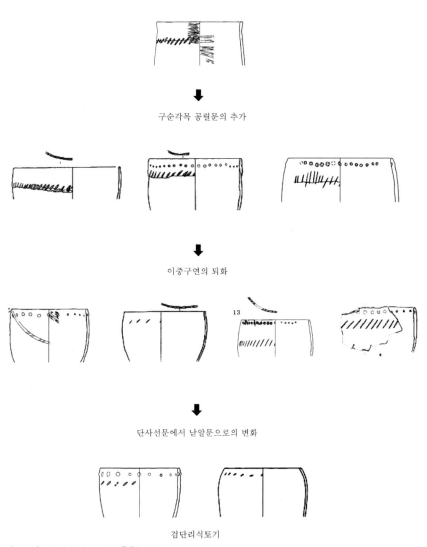

구순각목 공렬문의 추가

이중구연의 퇴화

단사선문에서 낟알문으로의 변화

검단리식토기

〈도 52〉 검단리식 토기의 출현과정

선문과 공렬문의 시문수법도 뾰족한 도구로 그어 새기는 수법에서 간단히 눌러 새기는 방식으로 변화하였다. 검단리식토기는 흔암리식토기의 단사선문이나 공렬문(돌유문) 등의 시문방법이 押捺로 변하면서 발생한 토기이다. 필자는 변형공렬문도 공렬문토기의 시문방법이 변화하여 생긴 토기로 보고 있다. 천선행은 횡선문이나 변형공렬문이 낟알문을 의도하고 있다고 설명하지만, 역삼동·흔암리식 토기의 공렬문·단사선문과 검단리식토기의 낟알문·변형공렬문은 토기에 구멍을 새기고 사선을 새긴다는 모티브에서 큰 차이가 없는 것이다. 따라서 흔암리식토기에서 검단리식토기의 변화는 토기자체의 기능과는 상관이 없는 것이며, 토기제작의 효율성을 높이기 위한 것(토기 제작시간의 절감)으로 볼 수 있다.

4. 울산식주거지의 구조적 특징

울산식주거지의 구조적 특징은 다음과 같다. 발굴조사에서 확인되는 울산식주거지의 시설로는 柱穴, 壁柱孔, 壁週溝, 爐址, 排水溝, 外廓週溝 등이 있으며(도 53) 그 특징은 다음과 같다.

주혈은 직경이 15cm 내외이지만, 보통 토층에서 확인되는 기둥의 직경은 10cm 내외이다. 배치는 4각 구도의 배치를 보이는데,[40] 규모에 따라 4주식, 6주식, 8주식, 드

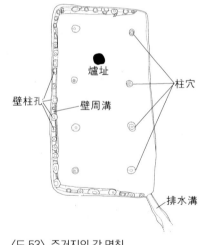

〈도 53〉 주거지의 각 명칭

爐址
柱穴
壁柱孔
壁周溝
排水溝

---

40) 주혈과 주혈사이의 거리는 규모에 상관없이 대체로 150~250cm이다.

물게는 10주식도 있다. 주혈 수에 따른 주혈배치는 주거의 규모와 비례한다.

벽주공은 벽에 기둥을 세웠던 흔적으로 직경이 10cm를 넘지 않는다. 벽주공의 간격에 따라 크게 촘촘한 간격으로 설치된 것, 어느 정도의 간격을 두고 설치된 것으로 대별된다. 주로 전자는 평지에, 후자는 경사면에 설치된 주거지에서 확인되는 경향성을 보인다. 후자 가운데는 벽에 홈의 형태로 확인되는 경우가 있다(도 54).

노지는 단축 중앙선상에, 장축을 1/3 정도 나누는 지점에 위치한다. 예를 들어 4주식은 기둥 네 개를 'ｘ'자로 교차한 지점에서 약간 단벽 쪽으로 치우쳐 있으며, 6주식 이상은 주혈 4개를 'ｘ'자로 교차한 지점에 위치한다. 실제로 발굴조사에서 노지의 위치를 찾을 때 이러한 원리를 이용하면 어렵지 않게 찾을 수 있다(도 51).

벽주구는 바닥 가장자리에 설치된 구로 평지와 경사면에 조성된 주거지에

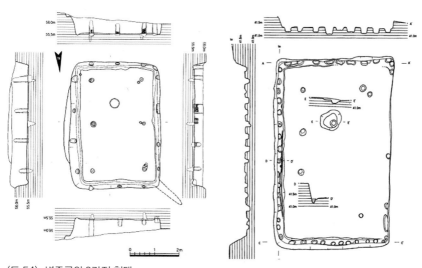

〈도 54〉 벽주공의 2가지 형태
(좌-간격이 넓은 형태 천상리 22호, 우-간격이 넓은 형태 천곡동가지구6호)

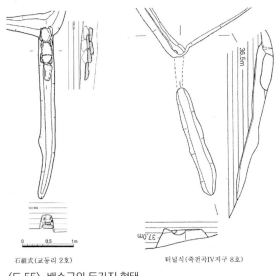

石組式(교동리 2호)   터널식(죽전곡IV지구 8호)

〈도 55〉 배수구의 두가지 형태

서만 확인되며 沙質 沖積地에 조성된 주거지[41]에서는 확인되지 않는다. 평지
에 조성된 주거지의 벽주구는 네 벽을 다 돌아가지만, 사면에 조성된 주거지
에서는 주로 수혈 벽이 깊은 곳에서만 벽주구가 확인된다.

배수구는 주거지 모서리에 돌출된 구인데, 벽주구와 마찬가지로 사질 충적
지에 위치한 주거지에서는 확인되지 않는다. 일반적으로 배수구는 벽주구와
연결되며, 暗渠式이 구조로 확인되는 경우가 있다. 암거식 배수구는 돌로 만
든 石造式과 생토를 관통해서 만든 터널식이 있다(도 55).

---

41) 현재까지 울산지역에서 충적지에 조성된 취락으로는 구영리유적이 유일하다. 울산
지역 이외의 지역을 봐도, 사질 충적지에 조성된 주거지에서 벽주구가 확인된 예는
없다.

5. 울산식주거지의 복원

앞에서 발굴에서 확인되는 울산식주거지의 구조적인 특징을 살펴보았다. 그런데 이렇게 발굴에서 확인되는 주거지의 모습은 수혈주거지의 일부분에 지나지 않는다. 게다가 수혈주거가 폐기되고 내부에 토양이 매몰되는 시점은 그것이 우연적 폐기일 경우라도 주거의 상당부분이 이미 파괴된 때이다. 따라서 발굴조사에서 얻어진 자료만으로 주거지의 구조를 이해하는 데는 한계가 있을 수밖에 없다. 따라서 주거지의 원래 형태를 복원하는 작업은 매우 중요하다.

그러나 기존에 시도된 주거의 복원은 건축적 상상력에 기초한 形象的 復元에 그치는 경우가 많았다. 이에 본고에서는 기존의 형상적인 복원 방법을 탈피하기 위하여 민속자료(김광언 1982 · 1988; 신영훈 1983) 등을 이용하고자 한다. 물론 민속자료는 당대의 자료가 아니기 때문에 이를 고고자료에 직접 대입하는 것은 무리가 있지만, 발굴자료만으로 주거의 구조와 외형을 추정할 수 없는 상황에서 민속자료를 선별적으로 이용한다면, 민속자료는 매우 유효한 자료가 될 수 있다고 생각된다.

주거의 복원은 골조, 벽체, 서까래와 지붕, 배수시설의 순서로 진행하고자 하며, 더불어 기존의 다른 연구자의 복원안도 함께 살펴보도록 하겠다.

1) 骨組

골조란 '건물의 뼈대'를 가리키는 말로 수혈주거에서는 도리 · 보 · 기둥 · 대공 등이 골조를 구성하고 있다. 방형계열의 주거지의 지붕은 크게 맞배지붕 아니면 경사지붕으로 복원할 수 있는데(임영진 1985), 화재주거지에서 마루도리[42]로 추정되는 탄화재가 확인되는 경우가 있으므로 일단 울산식주거는 맞

---

42) 맞배지붕의 최상단에 가구된 도리.

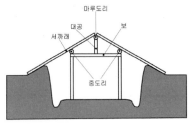
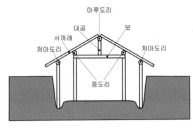

三樑式　　　　　　　　　　　　　　五梁式

〈도 56〉 주거 골조의 명칭

배지붕의 골조라 할 수 있다.

맞배지붕의 골조는 도리 숫자에 의해 크게 一樑式,[43] 三樑式,[44] 五樑式[45]으로 구분되는데, 울산식주거지는 주혈배치가 4각 구도라는 점에서 주혈 상단에 가구되는 2개의 도리가 있었을 가능성이 높으므로 삼량식 아니면 오량식의 골조로 볼 수 있다.

엄윤정은 울산식주거지의 골조를 오량식으로 복원하고 있지만(엄윤정 1999), 실제 발굴자료에서 오량식으로 볼 수 있는 근거는 희박하다. 오량식으로 복원되기 위해서는 5개의 도리가 있어야 하지만, 화재주거지에서 3개 이상의 도리가 확인된 예와 벽체 상단의 처마도리로 볼 수 있는 탄화재가 확인된 예도 없다. 그러므로 울산식주거의 골조는 삼량식일 가능성이 높으며, 실제 화재 주거지에서 확인되는 탄화재의 양상도 3량식으로 나타난다. 그리고 마루도리의 길이는 구영리 5호 주거지에서 나타나듯이 주거지의 종축과 거의 같음을 알 수 있다.

골조에 사용된 목재는 대부분 활엽수를 이용한 것으로 보이는데, 울산지역

---

43) 종도리만 있고 종도리에서 바로 바닥으로 서까래를 내리는 골조형식.
44) 1개의 마루도리와 2개의 중도리로 구성되는 골조형식.
45) 1개의 마루도리, 2개의 중도리, 2개의 처마도리로 구성되는 골조형식.

청동기시대 주거지에서 확인된 탄화재의 수종은 표1과 같이 대부분 상수리나무, 물푸레나무, 굴피나무, 단풍나무 등 落葉喬木에 속하는 활엽수들이며 침엽수는 거의 없다. 그리고 낙엽교목 중에서도 상수리나무·굴피나무·졸참나무 등 참나무속 나무의 비중 높았다. 이는 주거의 주된 목재가 참나무속 중심의 낙엽활엽수였다는 것을 示唆한다. 참나무속 중심의 낙엽교목을 주된 목재로 사용한 이유는 아마도 이러한 수종들이 주변에서 쉽게 구할 수 있는 목재라는 것에 있을 것이다.[46] 이러한 주변식생과 건축부재와의 일치성은 김민구(2007)의 연구에서도 나타났다.[47]

〈표 34〉 유적별 탄화재의 수종 현황표(단위-점)

	낙엽활엽수									침엽수
	상수리나무류	물푸레나무류	굴피나무류	팽나무류	단풍나무류	느릅나무류	오리나무류	졸참나무류	뽕나무류	소나무류
울산 천곡동 유적(가·나)	21	1	5	1	1	2	3		1	1
울산 천곡동유적	12	4		1	1					
가재골 유적 I	1							1	1	1
가재골 유적 II	5		2					1		
외광리유적	11	4	1	3	2	2				
계	50	9	8	5	4	4	3	2	2	2

46) 낙엽활엽수는 동북아시아 온대산림대의 주된 수목이며, 울산지역은 전형적인 온대산림대에 속한다(박상진 2007).

47) 김민구의 연구에 의하면, 송국리유적 장방형주거지의 탄화목재는 소나무속(Pinus)과 참나무속(Quercus)이 많았는데, 이는 당시의 식생분포와 일치한다고 한다.

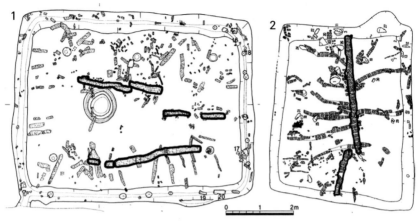

1: 교동리 456 3호, 2: 구영리유적 13호

〈도 57〉 도리의 흔적

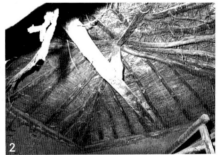

1: 도리와 보의 연결모습. 기둥 끝의 목재가 Y자형태이다.
  (18세기경 연평도의 한 민가)

2: 대공의 연결모습(충북 제원군의 한 민가, 1970년대)

3: 서까래의 연결모습(경주시 탑동의 한 민가, 1970년대)

〈도 58〉 민속자료에서의 골조 및 서까래(신영훈 1983에서)

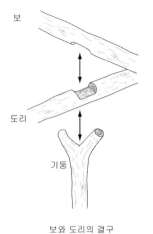 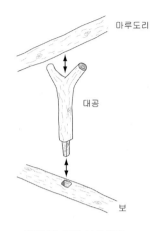

보　　　　　　　　　　　　　　　　　　마루도리

도리

기둥　　　　　　　　　　　　　　대공

　　　　　　　　　　　　　　　　　　보

보와 도리의 결구　　　마루도리, 대공, 보의 결구

〈도 59〉 골조의 결구 방법 추정도

　　낙엽교목은 보통 길이 20~30m, 직경 1m 이상까지 생장하지만, 탄화재와
주혈의 크기를 감안하면 길이 2m, 직경 10cm 내외의 나무가 골조로 사용된
것으로 추정된다. 이정도의 크기면 대체로 10년생 이하의 幼木으로 볼 수 있
다. 실제로 포항 초곡유적·울산 신현동 황토전유적·울산 가재골유적Ⅰ 등
에서 탄화된 환공재가 확인되기도 하였는데, 모두 직경이 10cm를 넘지 않는
다. 물론 成木의 몸통을 환공재로 세분·가공하거나 成木의 가지를 사용하였
을 가능성도 배제할 수 없지만, 石器로 성목의 몸통을 환공재로 세분·가공하
기 어려우며, 성목의 가지는 기둥이나 보로 사용할 수 있을 만큼 충분한 곧기
나 길이가 보장되지 않는다. 그리고 민속자료에서 보이는 전통 농가[48]에서도
가공하지 않은 목재를 이용한다(김광언 1982; 신영훈 1995). 그러므로 울산식주
거지의 골조에 사용된 목재는 10년생 이하의 낙엽교목으로 추정된다.
　　이와 같이 유목을 목재로 사용한 이유로는 크게 2가지를 생각해 볼 수 있

---

48) 초가집, 창고, 축사 등.

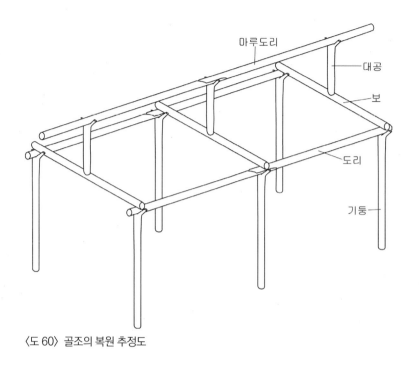

마루도리

대공

보

도리

기둥

〈도 60〉 골조의 복원 추정도

다. 첫째는 골조의 용도에 맞는 크기의 유목을 선별하여 사용하는 것이 성목을 벌채하고 이를 다시 가공하는 것보다 효율적이었을 가능성이고, 둘째는 무분별한 벌채와 화전경작으로 인한 산림훼손으로 당시의 산림구성이 유목 중심이었을 가능성이다.

　骨組의 조립방법은 현재 이와 관련된 실물자료가 전무하기 때문에 발굴자료만으로 추정하기 곤란한 점이 있다. 다만, 전통 농가의 골조도 나무의 원래 형태를 최대한 이용하여 조립한 점을 감안하면, 특별한 가공 없이 나무의 원래형태를 최대한 활용해서 조립했을 것으로 추정된다. 이상의 발굴자료와 민속자료의 정황을 종합하면 울산식주거의 골조는 〈도 60〉과 같이 복원할 수 있다.

2) 壁과 바닥

기존의 울산식주거지 벽에 대한 복원 안은 크게 耐力壁[49]로 보는 관점(조형래 1996; 엄윤정 1999), 수혈벽의 마감벽으로 보는 관점(김현식 2006)으로 나눌수 있다. 이러한 2가지 관점의 차이는 '울산식주거를 五梁式으로 볼 것인가', '三樑式으로 볼 것인가'와 '반움집으로 볼 것인가', '움집으로 볼 것인가'의 문제와도 깊은 관련이 있다. 전자는 '수직벽체-오량식-반움집'으로 보는 관점이며, 후자는 '마감벽체-삼량식-움집'으로 보는 관점이다. 편의상 전자를 '반움집설' 후자를 '움집설'로 구분하고자 한다.

전술한 바와 같이 수혈주거에서 벽의 구조는 주거의 기본적인 형태를 좌우할 만큼 매우 중요한 요소이다. 그러므로 그 구조를 결정할 때는 구체적이고 객관적인 근거를 제시해야 하지만, 반움집설에는 구체적이고 객관적인 근거가 부족하였던 것이 사실이다. 반움집설에서는 벽주구와 벽체를 내력벽의 기초시설로 보는데, 벽주공에는 원통형의 나무를 기초로 세우고 그 사이에 板材를 종으로 연결하여 벽주구에 끼워 넣는 형태이다. 그리고 이러한 수직벽의 상단에는 도리가 횡으로 가구된다고 복원한다.

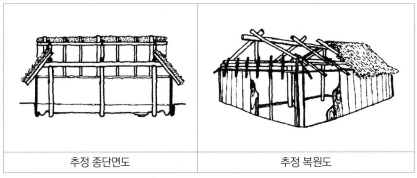

| 추정 종단면도 | 추정 복원도 |

〈도 61〉 엄윤정의 복원안(엄윤정 1999에서)

---

49) 지붕을 지탱하는 역할을 하는 벽체.

이러한 복원안에는 다음과 같은 문제점이 있다. 우선, 실제 유구에서는 벽주구와 벽주공의 위치가 일치하지 않는 경우가 많으며 벽주공과 벽주구가 네벽을 일주하지 않는 경우도 많다. 벽주구가 벽주 사이의 판재를 끼워 넣기 위한 홈이라는 복원안으로는 이런 현상을 설명하지 못한다. 그리고 현재까지 발굴조사에서 확인된 탄화목재 가운데 벽주사이를 연결한 것으로 보이는 판재나, 벽의 상단에 가구된 처마도리로 추정할 수 있는 것은 없다. 이와 같이 반움집설에서는 울산식주거의 벽을 내력벽으로 보는 근거를 충분히 제시하지 못하였다.

그렇다면, 울산식주거지의 벽체는 어떠한 형태였을까? 우선, 벽주공이 벽체의 골조인 벽주를 세웠던 자리라는데 이의를 제기할 연구자는 없을 것이다. 문제는 벽주의 길이와 벽주와 사이의 구조이다. 벽주의 길이를 추정할 수 있는 예로는 황토전유적 17호주거지와 야음동유적 1호의 탄화목재가 있다. 이 주거지에서 확인된 탄화목재는 길이가 40~80cm로 벽주의 길이가 80cm를 넘지 않았다는 것을 알 수 있다. 80cm 정도면 수혈 벽의 높이와 유사한 높이라고 할 수 있으므로 벽체가 지상으로 올라왔을 가능성은 희박하다.

다음은 벽주와 벽주사이의 구조인데, 엄윤정은 벽체를 벽주와 벽주사이를 판재로 연결한 순수하게 목재로만 만들어진 판재벽으로 보지만, 현재까지 화재주거지에서 완전한 판재벽의 형태로 추정되게 하는 탄화재의 양상은 없다.

〈도 62〉 전통가옥의 흙벽(신영훈 1983에서)

물론 야음동유적 1호 주거지의 경우에는 벽주가 각재였을 가능성이 있지만, 벽주와 벽주 사이를 목재로 가구한 흔적은 나타나지 않는다. 그러므로 벽체가 판재벽일 가능성은 높지 않으며, 필자는 일반적으로 화재주거지의 벽 쪽에서는 가는 목탄과 燒土의 混合層이 확인되는 현상을 근거로 벽체가 흙벽의 구

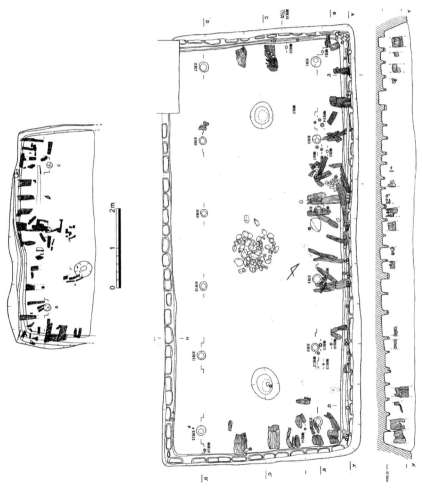

〈도 63〉 벽주의 흔적(좌: 황토전유적 17호, 우: 야음동유적 1호)

조였다고 추정하고자 한다.

흙벽의 구체적인 형태는 우리나라의 전통 민가의 흙벽과 유사할 것으로 판단되는데, 민속자료에서 확인되는 흙벽은 대나무, 잔가지, 짚, 수숫대, 싸리 등으로 '외(lath)'를 만들고 외에 점토를 발라 마감하는 형태이다(신영훈 1995). 벽쪽 소토층에 혼입된 목탄은 외가 불에 탄 흔적으로 볼 수 있으며, 소토는 외에 마감했던 점토가 화재로 인해 불에 구워지면서 생긴 것으로 추정된다. 그러므로 주거지의 벽체는 벽주를 세우고 벽주사이를 외로 엮은 다음, 외에 점토를 발라 마감한 형태로 추정할 수 있다.

울산식주거지의 벽체는 지상으로 올라오지 못했을 가능성이 높고, 벽체 상단에 보가 가구되었을 가능성도 낮으므로 지붕을 떠받치는 기능을 했다고 보기 어렵다. 그러므로 울산식주거지의 벽체는 주거 외곽의 주제가 주거의 내부로 밀려들어오는 것을 막아주는 기능, 수혈벽의 붕괴와 박리를 박아주는 기능, 벽에서 베어 나오는 수분과 熱・寒氣를 막아주는 除濕・斷熱材로서의 기능이 더 강했을 것이다. 그리고 벽체의 형태

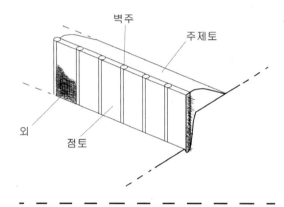

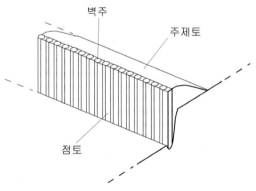

〈도 64〉 수혈주거지 흙벽의 추정 복원도
(상: 간격이 넓은 벽주공, 하: 촘촘한 벽주공)

는 벽주공의 형태(간격이 좁은 것, 간격이 넓은 것)에 따라 크게 외가 있는 형태와 없는 형태로 복원할 수 있는데, 간격이 넓은 것은 전술한 바와 같이 벽주 사이를 외로 엮은 후 점토로 마감한 형태이며, 간격이 좁은 것은 외를 설치하지 않고 바로 벽주와 벽주 사이를 점토로 마감한 형태이다(도 64).

한편, 주거지 중에는 벽 쪽의 소토층과 더불어 바닥과 벽이 불에 구워진 예가 있다. 발굴보고자 중에는 이러한 현상을 '소토벽'이나 '불다짐' 등의 주거 조성시의 인위적인 시설물로 해석하는 경우가 많은데, 필자는 이러한 해석에 의문을 가지고 있다.

먼저 벽을 불로 구웠다는 해석에 대하여 살펴보자. 일단, 민속자료에서 보면 흙벽에 불을 사용하여 마감한 예는 없으며, 우리나라 전통가옥의 조성기법 중에도 흙을 구워서 벽을 만들거나 마감하는 기법은 존재하지 않는다. 즉, 외에 점토를 바르고 건조시키는 것만으로도 충분히 단단한 벽을 만들 수 있는 것이다. 그리고 벽체를 단단하게 하기 위하여 벽체를 가열할 경우, 벽체 안의 벽주·외 등이 소실될 수밖에 없으므로 상식적으로 벽체를 불로 구웠다는 해석은 설득력이 떨어진다.

다음은 바닥이다. 현재의 자료 중에 바닥을 어떻게 사용했는지 알 수 있는 자료는 없다. 다만 발굴에서 불에 구워진 바닥이 확인되는 예가 있는데, 대부분의 보고자들은 이를 인위적으로 불다짐한 것으로 보고 있다. 그러나 이러한 해석에는 다음과 같은 문제점이 있다.

우선, 바닥을 불로 가열하는 방법이 존재했다면, 주거 조성단계에서 수혈을 굴착한 직후에 불다짐을 했을 것이며, 주거의 상옥이 조성된 이후에는 화재의 위험 때문에 불다짐 처리를 할 수 없다. 대체로 구워진 바닥의 경도는 무문토기의 경도를 넘지 못하는데, 만약 주거바닥을 불로 구워서 단단하게 했더라도 이후, 주거에 생활하면서 바닥을 밟게 되면 얼마 지나지 않아 힘들게 구워낸 바닥이 모두 갈라지고 박리되어 흔적도 없이 사라질 것이다. 그런데 발굴조사에서 확인되는 주거의 불다짐 바닥은 표면의 갈라짐이나 박리가 없이 매우 매끄럽다는 특징이 있다. 이것은 바닥의 구워진 시점이 주거지가 조성된 시점이 아니라 주거지가 폐기된 시점이라는 사실을 示唆하는 것이다. 그러므로 주거 바닥의 불다짐은 주거 조성시나 생활하면서 다져진 바닥 표면의 다짐층이 화재로 인해 구워진 것으로 보아야 할 것이다. 이것은 불다짐 바닥에서 거의 예외 없이 목탄이나 재 등의 화재흔적이 확인된다는 사실에서도 알 수 있다.

물리적인 다짐만으로도 충분히 불다짐보다 바닥을 단단하게 할 수 있으며, 실제 발굴조사에서도 이런 다짐 층이 확인되는 경우가 많다. 다져진 바닥위에는 멍석 등의 깔개를 깔았을 것으로 추정되지만, 아직 이러한 흔적이 구체적으로 확인된 예는 없다. 다만, 화재주거지의 최하층 바닥면에서 입자가 가는 滓炭層이 확인되는 경우가 있는데, 이를 바닥에 깔았던 멍석 등이 불에 탄 흔적으로 볼 수 있지 않을까 생각된다.

3) 서까래와 지붕

서까래는 〈도 57〉과 같이 화재주거지의 탄화재에서 그 일부 형태를 추정할 수 있다. 일단 전체적인 양상에서 종도리에서 바깥쪽으로 내리는 형태였다는 것은 어렵지 않게 유추할 수 있다. 그런데 그 길이가 짧은 것에 주목할 필요가 있는데, 이것은 서까래가 종도리에서 한 번에 처마로 연결되는 구조가 아니라는 것을 시사한다. 그러므로 서까래는 종도리에서 도리까지 연결되는 상단 서까래와 도리에서 주제까지 연결되는 하단 서까래로 구성되는 것으로 추정된다. 그리고 서까래 사이에는 지붕을 올리기 위해 가로대를 설치하였던 것으로 추정되는데, 민속자료에서도 이와 같이 서까래 사이에 가로대를 설치하였다 (도 65).

지붕은 발굴자료에서 구체적인 흔적이 확인된 예가 없어 정확한 형태를 추정하는 것이 어렵다. 지붕이 남아 있지 않은 것에는 여러 가지 이유가 있겠지만, 아마도 지붕이 쉽게 불에 타는 초본류 등의 재질로 이루어졌다는 데 가장 큰 원인이 있을 것이다. 어쨌든 발굴자료가 부족한 상황에서 그 형태나 재질을 쉽게 단정할 수 없다. 이런 상황에서 민속자료는 외장재의 재질이나 형태

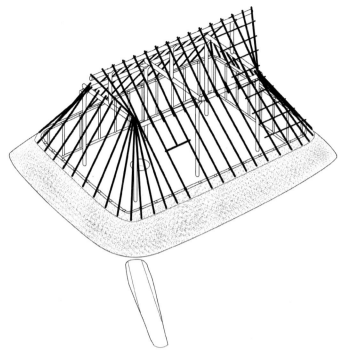

〈도 65〉 골조와 서까래의 추정 복원도

를 추정하는 데 매우 좋을 자료가 될 수 있다고 생각한다.

우선 지붕의 재질이 초본류라는 데 이론은 없을 것이다. 그리고 그 재료는 안재호의 지적[50]대로 억새나 갈대류였을 가능성이 크다. 실제로 일부 지방의

---

50) 안재호는 당시의 농경에서 벼농사의 비중이 낮았다는 이유, 당시의 수확방식이 벼의 이삭만 수확하는 방식이었다는 이유(벼의 줄기까지 이용하지 않았음), 이웃 일본 수혈주거의 지붕도 야생풀로 엮은 지붕으로 복원한다는 이유 등에서 짚으로 만든 지붕이 존재했을 가능성이 희박하고 하였다.
안재호, 2007, 「청동기시대 주거 복원에 대하여」, 한국고고학회 토론방 게시물.
http://www.kras.or.kr/board/board01/toronList.aspx?pidx=32&ppage=1&psearch=&ptxtSearch=&ptime=0

〈도 66〉 비늘 이엉법 초가지붕

〈도 67〉 사슬 이엉법 초가지붕

전통가옥 중에 야생의 새(억새·갈대류)로 지붕을 엮은 '샛집'이 남아 있고 짚으로 만들더라도 내부는 새로 채우는 경우도 많다. 이러한 새로 만든 지붕은 짚으로 엮은 지붕보다 수명이 길며, 방수·단열성이 좋다.[51]

지붕의 형태는 이엉을 엮는 방식에 따라 크게 두 가지로 추정해 볼 수 있는데, 현재 전통 초가집의 지붕을 엮는 방식인 비늘 이엉법과 사슬 이엉법이 그것이다. 비늘 이엉법은 이름 그대로 이엉을 비늘모양처럼 단이 지게 엮는 방식이며(도 66), 사슬 이엉법은 이엉을 포의 형태로 덮은 후에 새끼줄로 사슬 모양의 그물을 쳐서 이엉을 고정하는 방식이다(도 67).

비늘 이엉법은 사슬 이엉법에 비해 많은 양의 이엉이 들어간다는 단점이 있지만, 내구성이 좋다는 장점이 있다. 반면 사슬 이엉법은 내구성은 떨어지나 제작이 쉽고 적은 양의 이엉이 들어간다는 장점이 있다. 샛지붕은 예외없이 비늘 이엉법으로 엮으며, 짚지붕은 사슬 이엉법의 비중이 압도적이다(김광언 1988).

이상을 종합해 보면, 지붕은 비늘 이엉법의 샛지붕이 사슬 이엉법의 짚지붕보다 오래된 형태라는 사실을 유추할 수 있는데, 벼농사의 비중이 높아져 짚의 양이 늘어남에 따라, 점차 지붕의 재질은 새에서 짚으로, 지붕을 엮는 방식은 비늘 이엉법에서 사슬 이엉법으로 변천하였던 것으로 추정된다. 울산식

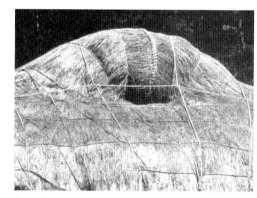

〈도 68〉 까치구멍(김광언 1988에서)

---

51) 반면 짚으로 만든 지붕은 짚이 새보다 무게가 작고 가늘므로 제작이 쉽고 무게가 가볍다는 장점, 또 농경사회에서 쉽게 구할 수 있는 재료로 만든다는 장점이 있다고 한다. 그러나 짚은 새보다 쉽게 썩기 때문에 지붕을 자주 갈아줘야 하는 단점도 있다고 한다(김광언 1988).

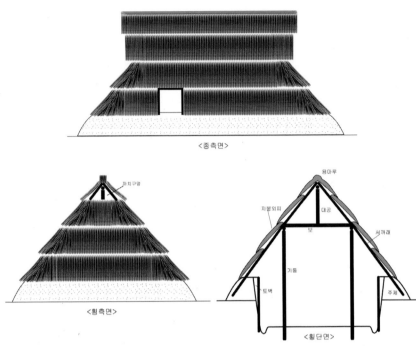

<종측면>

<횡측면>

<횡단면>

용마루
지붕외피
대공
까치구멍
서까래
기둥
토벽
주제

〈도 69〉 울산식주거지의 지붕 추정 복원도

주거의 지붕도 '비늘 이엉법의 샛지붕'이었을 가능성이 높다(도 69).

그리고 지붕의 측면에는 연기를 배출하거나 공기의 순환을 위한 '통풍구'가 설치되었을 것으로 추정되는데, 전통 초가집에서 확인되는 '까치구멍'은 이것의 흔적기관으로 추정된다(김광언 1983 · 1988).

4) 배수시설

수혈주거의 가장 큰 장점은 단열효과가 크고 수혈 벽을 이용하여 수직벽체의 효과를 얻을 수 있다는 데 있다. 그러나 바닥이 지표보다 아래에 있기 때문에 근본적으로 배수에 매우 취약한 구조이다. 이러한 구조적 취약점을 해결하기 위하여 울산식주거에는 週堤, 壁周溝, 排水溝, 外廓週溝 등의 시설을 설치했던 것으로 생각된다.

　週堤는 주거지 외곽을 일주하는 둑인데 지금까지 우리나라에서 실제로 주제가 확인된 예는 없다. 그러나 우리나라의 수혈주거지에서도 주제가 있었을 것이라는 견해는 꾸준히 제시되어 왔다(유병록 1999; 이현석 외 2004). 주제의 구체적인 형태가 확인된 예는 없지만, 발굴자료·일본의 조사 예·민속자료 등에서 그 존재를 추론할 근거는 충분하다.

　토층에서 공통적으로 확인되는 울산식주거지의 퇴적양상은 벽 쪽에 경사지게 퇴적된 층이 확인된다는 것인데, 이 토양의 성질이 주거지의 기반층과 매우 유사한 성질이라는 점에 주목할 필요가 있다. 이 층이 단면상에서 차지하는 면적은 대체로 1/5~1/3 정도이며, 벽의 높이가 높은 쪽의 양이 상대적으로 더 많다. 이는 주거의 수혈 벽이 붕괴되어서 형성되는 토양의 양으로 보기에는 많다고 볼 수 있으며, 자연퇴적으로 외부에서 이러한 토양이 유입된다는 것도 물리적으로 설명할 수 없다. 결국 이 층은 수혈 외곽에 쌓아두었던 토양이 주거가 폐기된 뒤에 주거 내부로 매몰되어 형성된 것이며 토질이 주거의 기반층과 유사한 것은 수혈을 굴착할 때 나온 토양을 쌓아두었기 때문으로 볼 수 있다(도 70).

　그렇다면 이러한 주제를 조성한 목적은 무엇이었을까? 크게 4가지 정도로

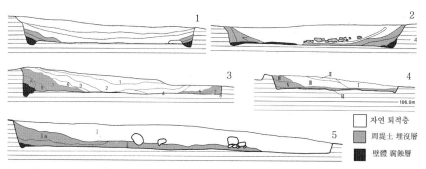

1: 죽전곡IV 2호, 2: 죽전곡III 1호, 3: 천상리 22호, 4: 교동리 2호, 5: 황토전 11호
〈도 70〉 주거지 주제 매몰층

추정할 수 있다. 첫째, 수혈을 굴착하여 나온 토양들을 멀리 운반할 필요 없이 수혈외곽에 쌓아두게 되므로 굴착작업의 효율이 높아진다. 둘째, 주거벽의 상대적인 높이를 높여주어 내부공간의 활동성을 높여준다. 셋째, 외곽에 둑이 만들어짐으로써 지표면의 빗물이 주거로 직접 침투하는 것을 막아준다.

  현재로서 주제의 구체적인 구조나 형태를 논하기 쉽지 않지만 일본의 수혈 주거지에서 확인된 형태와 유사할 것으로 생각된다. 일본에서 주제토가 남아 있는 주거지 중에 日本 大阪府 八尾南遺蹟(大阪府文化財センタ 2004)(도 71)의 주거지가 울산식 주거지와 유사한 구조를 가지고 있는데 장방형의 형태에 벽주 구 및 排水溝가 확인되는 주거지이다. 출토유물이 상이하기 때문에 계통적으로 울산식 주거지와 관련지을 수는 없지만, 구조적으로 울산식 주거지와 매우 유사하므로 주제의 형태도 크게 다르지 않았다고 보여 진다. 八尾南遺蹟에서 확인된 주제의 규모는 폭 3m, 두께 40cm 정도이며 단면 형태는 半圓形

〈도 71〉 尾南遺蹟 住居址(大阪府文化財センタ 2004에서)

이다. 주제가 확인된 주거의 규모가 길이 4~5.5m, 폭 3.5~4.5m, 깊이 50cm 정도인 것을 감안하면 주거 굴착시에 나온 토양의 대부분이 주제토로 이용된 것으로 보인다.

토층 이외에도 주제토의 존재를 인정할 수 있는 근거로는 주거 외곽에 설치된 외곽주구, 암거식 배수구 등이 있다. 외곽주구가 설치된 주거지는 이른바 연암동식주거지(전호태 외 2001)로 불리는 주거지이다. 발굴 보고자는 연암동식 주거지의 외곽주구를 개별 주거지의 점유공간에 대한 표시로 해석하고 있지만, 현재 연암동식주거지는 상대적으로 배수에 취약한 평지에서만 확인되므로 1차적인 목적은 배수와 관련된 시설일 가능성이 높다(도 72).

개방식 배수구는 암거식 배수구의 상부가 후대의 삭평으로 유실되어 나타난 형태로 추정되며, 따라서 암거식 배수구를 배수구의 原形으로 볼 수 있다.

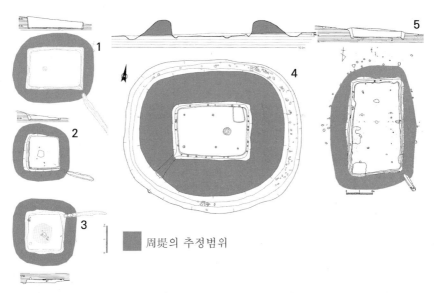

周堤의 추정범위

1: 죽전곡 IV지구 10호, 2: 죽전곡 IV지구 8호, 3: 교통리 2호, 4: 연암동 3호, 5: 죽전곡 IV지구 2호
〈도 72〉 주제의 범위

〈도 73〉 강원지방의 움(김광언 1983에서)

현재 암거식 배수구는 석조식과 터널식만 확인되지만, 木造式도 추정해 볼 수 있다. 이렇게 배수구를 암거식으로 설치한 이유는 배수구가 설치된 곳에도 주제를 돌리기 위한 것으로 추정되며, 실제로 八尾南遺蹟에서 확인된 배수구도 암거식으로 조성되어 있으며 주제가 주거지 외곽을 완전히 일주한다.

이밖에도 수혈주거지에 주제가 있었다는 증거는 민속자료에서도 일부 확인된다. 현재 강원도 지방에 일부 남아 있는 수혈식 저장시설인 '움' 중에는 지표면의 물이 움 내부로 들어오는 것을 막기 위하여 수혈외곽에 둑을 설치한 예가 확인된다(김광언 1982)(도 73).

벽주구의 기능에 대해서는 크게 수직벽체의 고정용 홈으로 보는 견해(조형래 1996; 엄윤정 1999), 배수 및 배습용 구로 보는 견해(김현식 2006), 그리고 양자의 절충안(이현석 2002)이 있다. 주로 건축사학자들은 벽체고정용 홈으로 보고, 고고학 연구자들은 배수시설로 보는 경향이 강하다 할 수 있는데, 건축사학자들이 벽주구를 벽체고정용 홈으로 보는 이유는 아마도 주거지의 발굴자료를 건축기술사적으로 해석하려는 경향이 강하기 때문이 아닐까 생각된다.

즉, 건축사학자들은 청동기시대 주거지를 반움집단계로 설정해 놓은 상태에서 이에 맞는 자료를 울산식주거지에서 찾는 것으로 보인다.

벽주구가 배수·배습시설이라는 것을 뒷받침하는 증거는 벽주구의 형태가 주거 수혈벽의 높이나 주거지의 입지에 따라 차이를 보이는 현상에서 찾을 수 있다. 수혈주거에서 우천시 당장의 빗물은 주거의 지붕과 외부둑(週堤)으로 대부분 제어가 가능하므로, 사실 배수에서 더 큰 문제는 하늘에서 내려오는 빗물이 아니라 지하에 스며들어 있던 빗물이 벽과 바닥을 통해 浸出되어 나오는 것이다. 이러한 침출수의 양은 주거지의 입지와 수혈벽의 높이에 따라 차이가 나기 마련인데, 바닥이 깊을수록(수혈벽의 높이가 높을수록), 경사면보다는 평지에서 더 많은 침출수가 발생한다. 그렇기 때문에 사면의 주거보다는 평지의 주거에서, 주거의 낮은 벽보다는 높은 벽에 벽주구를 설치하였던 것으로 보인다. 그리고 벽주구와 연결된 배수구는 벽주구에 모아진 침출수를 외부로 배출하는 기능을 했을 것이다. 충적지의 주거지에는 평지임에도 불구하고 벽주

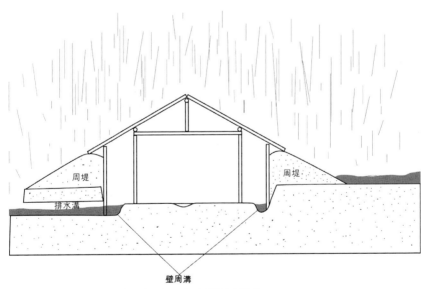

〈도 74〉 울산식주거지의 배수시스템 모식도(김현식 2006)

구와 배수구가 없는데, 사질토 자체가 배수가 잘되기 때문에 별도의 배수시설
필요하지 않았을 것으로 생각된다(김재호 2006). 이러한 사실은 시대와 지역을
막론하고 하천변의 충적지에 조성된 수혈주거지에서 배수시설이 확인되지
않는 사실에서도 알 수 있다.[52]

6. 울산식주거지의 공간구조와 거주형태

1) 공간구조

앞에서 울산식주거지의 특
징을 주거지의 주혈이 주거
바닥 모서리에 4각으로 배치
된다는 점, 주혈의 수는 주거
의 규모에 따라 4 · 6 · 8주식
의 차이를 보인된다는 점, 노
지의 위치는 단축 중앙에서
장축으로 치우친 곳에 위치
한다는 점, 주거지에서 증축

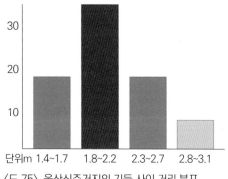

〈도 75〉 울산식주거지의 기둥 사이 거리 분포

흔적이 확인된다는 점 등으로 보았다. 이런 특징에는 다음과 같이 의미를 부
여할 수 있다.

첫째, 계획성을 가지고 주거를 조성하였다. 울산식주거지의 기둥 사이의 거
리는 〈도 75〉와 같이 1.8~2.2m 사이가 중심을 이루고 있는데, 주거의 규모
에 상관없이 대체로 일정한 편이다. 바꿔 말하면 주 기둥의 수와 주거지의 면
적이 비례하는 것이다. 이렇게 규격화된 기둥배치는 근대 건축의 '間'[53]과 유

---

52) 송국리식주거지도 구릉에 조성된 경우에만 구가 확인된다고 한다(김재호 2006).
53) 간은 길이, 혹은 넓이를 나타내는 단위인데 보통 길이는 6자(1.8181m)를 가리키며,

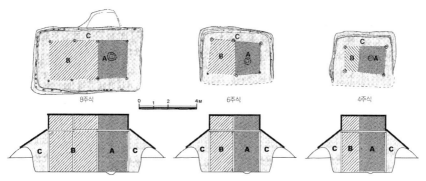

〈도 76〉 울산식주거지의 공간 구분

사한 점이 많은데, 1간은 4주식, 2간은 6주식, 3간은 8주식이 되는 식이다. 그리고 주거지의 증축도 대부분 4주에서 6주, 6주에서 8주 등으로 주거지의 간이 늘어나는 방향으로 이루어진다(김현식 2005). 이러한 주거조성시의 계획성은 주거의 증축과도 밀접한 관련이 있어 보인다. 물론, 여기서의 간의 개념이라는 것이 근·현대의 건축에서 말하는 것이거나, 그것의 기원이 울산식주거지에 있다는 것은 아니다.

둘째, 주거에서 공간성을 발견할 수 있다. 4주식에는 노지가 장축방향에서 장축방향으로 치우쳐 있지만, 4주식(2간) 이상의 주거지 한 간의 정중앙에 위치한다. 즉, 노지의 위치도 간과 밀접한 관련이 있는 것이다. 이것은 주거지의 공간이 기둥을 중심으로 공간이 구획되고 있다는 것을 의미하며, 구획된 각 공간에는 적합한 용도가 있었을 것이다. 이것을 알아보기 위하여 출토유물을 〈표 35〉와 같이 구분하여 공간별 출토양상을 분석하였다.

먼저, 규모별 주거지의 공간은 기둥과 노지의 위치를 기준으로 〈도 76〉과 같이 A·B·C 세 개의 공간으로 구분할 수 있다. 우선 기둥 안쪽의 공간과 기

넓이는 6자×6자의 크기의 사각형 공간을 가리킨다(김평탁 1994).

둥 바깥 쪽의 공간으로 양분할 수 있다. C공간은 벽과 기둥 사이의 공간인데 이 공간은 면적이 좁을 뿐 아니라 높이도 낮은 공간이다. 기둥 안쪽의 공간은 노지를 중심으로 한 A공간과 나머지 B공간으로 구분이 가능하다.

〈표 35〉 유물의 구분

구분	구분기준	유물
토기류	저장, 조리	각종 토기류
지석류	식료품의 가공 및 도구제작과 관련된 것	지석, 연석, 대석,
도구류	공구, 수확구, 수렵구 등	석촉 · 창, 선형석기, 석도, 석검, 어망추, 방추차 등

다음은 각 공간에서 출토된 유물을 분석해 보자. 분석대상으로 선택한 유적은 III단계의 유적 중에 비교적 규모가 크고 유물의 출토위치가 표시된 유적들이다. 유물의 분류는 〈표 35〉와 같이 토기류, 지석류, 도구류로 구분하였다.

분석결과(표 36) 토기류는 대체로 C공간과 A공간의 출토 비율이 비슷하지만, B공간에서는 매우 빈도가 낮다. 석부, 석촉, 방추차 등의 각종 도구류는 C〉A〉B 순으로 출도빈도가 높지만, C공간이 압도적으로 높다. 지석 · 연석 · 대석류도 C〉A〉B 순으로 출토빈도가 높지만, 다른 유물들보다 A공간에서의 출토비율도 비교적 높다. 전체적으로 보면 모든 유물의 출토빈도가 C〉A〉B이지만 A공간에서도 적지 않은 양의 토기류와 지석 및 대석류가 출토되었다.

분석결과를 바탕으로 각 공간의 용도를 추론해 보자. 우선 노지가 중심에 있는 A공간이 취사, 작업공간이라는 데에 異論은 없을 것이다. 출토유물에서도 토기류와 지석, 대석류의 비율이 B공간보다 높다. 유물의 출토빈도가 가장 낮은 B공간은 수면을 위한 공간으로 추정할 수 있다. 그리고 유물의 출토량이 많고, 특히 도구류의 출토량이 많은 C공간은 수납공간으로 추정할 수 있다. C공간은 動적인 활동이 어려운 공간이기 때문에 도구의 수납, 사냥 · 채집물의 저장 등으로 이용된 공간으로 생각된다.

<표 36> 주요유적의 각 공간별 유물출토 현황

공간	토기류		도구류		지석 및 대석류		계	
	수량	%	수량	%	수량	%	수량	%
A	12	27	6	21	1	10	19	23
B					1	10	1	2
C	33	73	22	79	7	80	62	75
	45		28		9		82	

교동리456유적

공간	토기류		도구류		지석 및 대석류		계	
	수량	%	수량	%	수량	%	수량	%
A	12	31	2	4	4	16	18	15
B	9	23	5	9	1	4	15	13
C	18	46	45	87	19	80	82	72
	39		52		24		115	

천상리유적

공간	토기류		도구류		지석 및 대석류		계	
	수량	%	수량	%	수량	%	수량	%
A	4	40	10	16	6	75	20	24
B	1	10	2	3			3	4
C	5	50	52	81	2	25	59	72
	10		64		8		82	

신현동 황토전유적

공간	토기류		도구류		지석 및 대석류		계	
	수량	%	수량	%	수량	%	수량	%
A	40	43	16	30	5	26	61	37
B	11	12	2	4	3	16	16	9
C	41	45	36	66	11	58	88	54
	92		54		19		165	

방기리(창원대) 유적

2) 울산식주거지의 거주인원과 형태

그러면 앞에서 분석한 자료를 바탕으로 울산식 주거지의 거주인원과 형태에 대하여 살펴보자. 기존의 선사시대 1인당 필요 주거면적에 대한 견해는 크게 5㎡안과 3㎡안이 있다. 먼저 5㎡안은 김정기가 제시한 안인데 그 근거는 다음과 같다. 청동기시대 주거지의 면적이 20, 30, 40, 50, 60㎡ 크기로 분포하기 때문에 10㎡를 기본적인 주거의 면적단위로 보았다. 그리고 10㎡라는 면적은 夫婦 즉, 2人이 거주하기에 적합한 면적으로 보고 1인당 주거면적을 5 ㎡로 상정하였다(김정기 1974). 당시의 제한된 자료에서는 비교적 합리적이 안이라 할 수 있지만, 주거지 전체에 일률적으로 적용한 것이다. 3㎡ 안은 일본학계에서 폭넓게 사용되고 있는 안인데(和島誠一・金井塚良一 1966; 都出比呂志 1975), 이 역시 일인당 필요거주면적을 주거지 전체에 일률적으로 적용한 것이다.

주거인원의 산정은 주거전체면적에 일률적으로 적용하는 것보다 수면공간을 기준으로 산정하는 것이 올바른 산정법이라 할 수 있다. 왜냐하면 실제 주거의 거주인원은 주거에서 定住하는 인원을 기준으로 해야 하며 정주인원이란 주거에서 잠을 자는 인원이기 때문이다. 따라서 수면공간에 사람이 누웠을 때의 면적을 기준으로 산정해야 실제 거주인원에 가깝게 접근할 수 있다.

그러면 앞에서 분석한 공간구분을 바탕으로 울산식주거지의 주거인원을 산정해보자. 우선 당대 성인의 평균신장을 160cm 내외로 보고[54] 울산식 주거지의 기둥사이의 평균거리를 166~222cm로 봤을 때, 거주인의 신장이 대략 주거의 수면공간 단축폭 안에 들어온다.[55] 그리고 사람이 누워있을 때 폭이 대략 60cm 정도라고 가정할 때 다음과 같이 주거인원을 산정할 수 있다.

---

54) 시기는 다르지만 청동기시대인의 평균신장에 대한 자료가 많지 않아, 예안리고분군 피장자의 평균신장을 기준으로 하였다. 예안리고분군 피장자의 평균신장은 남성이 164.7cm이고 여성이 150.8cm이다(金鎭晶・小片丘彦 1993). 청동기시대 사람도 이와 크게 차이가 없었을 것으로 생각된다.

55) 기둥과 기둥 사이의 거리가 대체로 1.5~2.5m안에 들어오는 것을 근거로 하였다.

	작업공간(㎡)	수면공간(㎡)	작업공간 대 수면공간비
4주식	2.97	2.27	0.76
6주식	3.99	4.36	1.09
8주식	4.86	8.05	1.75

　4주식은 2~3人의 인원이, 6주식은 4~5人의 인원이, 8주식은 7~9人 정도의 인원이 거주했던 주거로 상정할 수 있다. 물론 필자의 가설대로 반드시 주거규모별로 거주인원이 완전히 고정되어 있다고 보지는 않는다. 그러나 수면공간의 면적과 거주인인원이 비례한다는 논리는 타당한 것이라고 생각한다.

　그리고 주거지 규모별 각 공간의 상대적 크기는 천상리유적의 분석치[56])에서 알 수 있듯이 4주식 주거지에서는 작업공간이 가장 넓은 공간이며, 6주식 주거에서는 작업·수면공간의 면적이 비슷하며 6주식은 수면공간이 가장 넓은 공간이다. 작업공간은 주거의 규모에 따라 면적 차이가 크지 않지만, 수면공간은 주거의 규모가 클수록 넓다. 이러한 분석은 다음과 같이 해석할 수 있다.

　작업공간을 점유하는 인원 즉, 근로인원은 거주인원에 비례하지 않는다고 볼 수 있다. 대체로 작업공간은 주거의 규모에 따라 약 1㎡ 정도의 차이를 보인다. 1㎡ 정도의 면적은 1人이 겨우 앉아서 작업할 수 있는 공간이다. 따라서 4주식은 2人 정도로, 6주식은 3~4人 정도로, 8주식은 4~5人 정도로 勤勞人員을 상정할 수 있다. 이를 다시 앞에서 제시한 거주인원과 종합하면 4주식 주거는 2~3人의 근로인원이 살던 주거로, 6주식은 3~4人 정도의 근로인원을 가진 4~5인 규모의 가족이 살던 주거로, 8주식은 4~5人 정도의 근로인원을 가진 7~9인 규모의 가족이 살던 주거로 상정할 수 있다(도 77).

---

56) 천상리유적은 동남해안지역에서 유적의 전모가 확인된 곳 중의 하나이며, 울산식주거지의 비율이 가장 높은 유적이기 때문에 천상리유적의 분석치를 활용하기로 한다.

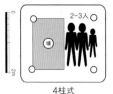

<도 77> 거주인원의 산정

다음 거주형태는 어떠했는지 추론해 보자. 우선 당시 취락의 모든 인구를 근로인구로 보기는 어려울 것이다. 대체로 小兒期를 지난 12세 이상의 사람을 취락의 근로인구로 보는 것이 타당하다.[57] 그리고 일반적으로 한 동의 주거에는 최소 한 쌍의 부부가 거주했다고 볼 수 있는데, 대략 노지의 수가 부부의 수를 상징하는 것으로 볼 수 있다(都出比呂志 1975). 이러한 가설을 전제로 하면 4주식 주거의 가족형태는 1쌍의 부부, 또는 1쌍의 부부와 1人의 어린 자녀로 이루어졌다고 상정할 수 있고, 6주식 주거의 가족형태는 1쌍의 부부, 1~2人 정도의 少年, 1~2人 정도의 영·유아로 이루어졌다고 상정할 수 있으며, 8주식 주거는 1쌍의 부부, 2~3人 정도의 소년, 2~3人 정도의 영·유아로 이루어졌다고 상정할 수 있을 것이다(표 38).

<표 38> 울산식주거지의 규모별 거주인원

가족구성원		4주식 주거	6주식 주거	8주식 주거
근로인원	부부	2人	2人	2人
	소년기의 자녀	(1)	1~2人	2~3人
비근로인원	영·유아기의 자녀		1~2人	2~3人
가족의 총 인원수		2~3人	4~5人	7~9人

57) 김두철은 김해 예안리 고분군에서 농구가 성별에 관계없이 12세 이상의 피장자에게 부장되고 있는 것을 근거로 12세 이상을 가용노동력을 가진 인구로 보았다(金斗喆 2000). 청동기시대에도 큰 차이는 없었을 것으로 생각된다.

따라서 울산식주거지는 단독 世帶가 거주했던 주거이며, 주거지 규모 차이는 世帶의 未出家한 자녀의 수를 반영한 것으로 볼 수 있겠다.

7. 주거구조의 변천에서 본 울산식주거지의 의미

여기서는 울산식주거지가 어떠한 변천과정을 통해 이루어 졌으며, 울산식주거의 출현이 주거구조의 변천에서 가지는 의미해 대해 고찰해 보겠다.

1) 울산식주거지의 형성과정

울산지역 청동기시대 주거지의 평면형태는 대부분 방형계열이 주를 이룬다. 원형(송국리식주거지) 주거지도 확인되지만, 양산지역을 중심으로 확인된다. 현재까지 울산지역에서 확인된 송국리식주거지는 검단리유적에서 1동, 교동리192-37유적에서 1동이 확인되었으며 태화강 이북의 울산 · 경주 · 포항지역에서 확인된 예는 없다. 그러므로 송국리식주거지는 계보상으로 울산식주거지와 관련성이 없다고 생각된다. 울산식주거지의 계보는 앞시기의 방형계열 주거지에 있다고 판단되는데, 울산지역의 방형 주거지는 노지의 형태 · 수 · 위치 및 主기둥[58]의 형태 · 배치에 따라 다음의 3가지로 분류된다.

> Ⅰ식 : 단축 중앙에 등간격으로 복수의 수혈 · 평지식 노지가 설치된 주거지, 주기둥으로 볼 수 있는 주혈 없음. 벽주구는 확인되나 벽주공은 확인되지 않음. 상대적으로 주거지의 깊이가 얕다.
> Ⅱ식 : 단축 중앙에 한쪽 단벽으로 치우친 1개의 노지가 설치된 주거지, 주기둥으로 볼 수 있는 주혈 없음.
> Ⅲ식 : 노지의 위치와 수는 ④와 같으나 四角構圖 배치의 주혈이 설치된 주거

---

58) 보와 도리를 지탱하는 주혈.

지. 상대적으로 Ⅰ·Ⅱ식보다 주거지의 깊이가 깊은 편이다.

Ⅰ~Ⅱ식은 울산지역 외에도 남한 전역의 前期에 해당되는 유적에서 확인되는 반면, Ⅲ식은 포항·경주·울산·양산지역에서만 확인되며 울산식주거지이다. 전체적인 수량에서 보면 Ⅱ·Ⅲ식이 압도적으로 많다. 크게 Ⅰ~Ⅱ식이 혼재하는 유적과 Ⅱ·Ⅲ식으로 구성된 유적으로 구분된다 할 수 있다.

주거지의 형태에 따라 토기문양의 출토양상에서 다음과 같은 차이가 있다. Ⅰ식에서는 가락동식·흔암리·역삼동식의 비율이 높으며 검단리식의 비율이 낮다. Ⅱ·Ⅲ식에서는 가락동식·흔암리의 비율이 낮고 공열문과 검단리식의 비율이 높다. 따라서 주거지의 상대적인 편년은 Ⅰ→Ⅱ→Ⅲ로 볼 수 있다. 이상의 토기상과 주거지상을 단계로 편년하면 다음과 같이 크게 2개의 단계로 편년할 수 있는데, Ⅰ단계는 전기, Ⅱ단계는 후기:검단리유형에 해당된다.

Ⅰ단계 : 주거지-Ⅰ~Ⅱ식 중심, 토기문양-가락동식·흔암리식·역삼동식 혼재.
Ⅱ단계 : 주거지 Ⅲ식 주거지 중심, 토기문양-공열문·검단리식 중심.

주거지은 면적은 Ⅰ식이 30㎡ 이상의 대형주거인 반면, Ⅱ·Ⅲ식은 10~40 ㎡의 폭넓은 면적분포를 보인다. 그러므로 울산지역 주거지의 면적변화도 청동기시대 주거지의 면적이 대형 → 소형으로 변화한다는 通説(안재호 1996; 김승옥 2006)과 어느 정도 부합한다.

울산지역의 청동기대 주거지 변천과정은 Ⅰ식이 가장 먼저 출현하고 이후 Ⅰ·Ⅱ식이 얼마간 공존하다 Ⅰ식 주거지가 소멸하고 점차 Ⅲ식으로 통일되는 것으로 이해할 수 있다. 이러한 주거지의 변천과정과 여러 형식의 주거지가 취락에서 혼재하는 현상, 한 주거지에서 흔암리식토기와 검단리식토기가 공반되는 현상 등에서 볼 때, 울산지역 방형주거지의 변천과정은 점진적이며 울산식주거지의 系譜가 전기의 방형주거지에 있다는 것을 시사하는 것이다.

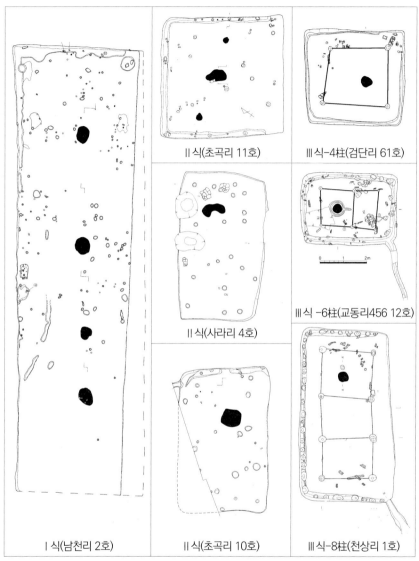

Ⅱ식(초곡리 11호)

Ⅲ식-4柱(검단리 61호)

Ⅱ식(사라리 4호)

Ⅲ식 -6柱(교동리456 12호)

Ⅰ식(남천리 2호)

Ⅱ식(초곡리 10호)

Ⅲ식-8柱(천상리 1호)

〈도 78〉 동남해안지역 주거지의 형식(축척부동)

2) 주거구조의 변천과 울산식주거지

앞에서 울산식주거지의 계보가 앞 시기의 방형계열 주거지에 있음을 고찰하였다. 그렇다면 그 구체적인 구조는 어떠한 변천과정을 거쳤을까?

먼저 골조·서까래 변천에 대해서 살펴보자. I∼II식 주거지에서는 측면에 주기둥으로 볼 수 있는 정연한 배치의 주혈이 확인되지 않았다. 그러나 II식에 해당되는 구영리유적 13호와 같이 어떠한 형태로든 종도리가 존재하는 구조임에는 틀림없다(도 57). 그러므로 크게 2가지 가능성을 상정할 수 있겠다. 하나는 서까래가 바로 종도리를 떠받치는 형태였을 가능성과 바닥위에 기둥을 얹는 형태였을 가능성이다. 두 가지 가설 중에 구영리 13호만 놓고 본다면 서까래가 바로 종도리를 받치는 구조였을 가능성이 높다고 판단된다. I식은 대형 주거지이므로 중소형 주거지인 II·III식과는 구조적으로 매우 상이한 형태의 골조였을 가능성이 높다. 현시점에서 I식 주거지의 골조를 추정하는 것이 어려우므로 일단 골조의 변화는 무기둥식 맞배지붕에서 삼량식으로의 변화로 보고자 한다(도 79). 서까래는 골조의 구조에 따라 무기둥식 맞배지붕에서는 일단서까래, 삼량식에서는 이단서까래일 가능성이 높으므로 일단서까래→이단서까래로 변천하는 것으로 볼 수 있다.

벽주공은 II·III식에서만 확인되므로 II식에서 흙벽이 출현한 것으로 볼 수 있으며, I식은 주제 매몰층이 확인되지 않고 전반적으로 깊이가 얕으므로[59] 週堤도 II식에서 출현한 것으로 추정된다.

이상의 변화상을 종합하면 울산식주거지는 〈도 79〉와 같은 구조상의 변화과정을 거쳐 완성된 주거지로 볼 수 있는데, 이와 같은 변화상은 현재 건축학계에서 통용되고 있는 '움집(竪穴住居) → 반움집(半竪穴住居) → 地上式 住居'로 변천한다고 보는 안(김정기 1976; 임영진 1985; 김도경 2000)과 적지 않은 차이가

---

59) I식 주거지에서 벽 쪽에 주제 매몰토로 볼 수 있는 생토와 유사한 층이 확인된 예는 없다.

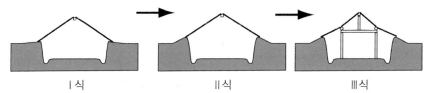

〈도 79〉 골조로 본 울산식주거지의 형성과정 모식도

있다. 그런데 사실, '움집 → 반움집 → 地上式 住居'론은 풍부한 고고자료를 바탕으로 제시된 안이 아니며, 이 이론의 유일한 고고학적 근거는 수혈주거지의 깊이가 시간이 지남에 따라 낮아진다는 것인데, 이는 현재의 발굴자료와 맞지 않다.

한편, 宮本長二郎(1996)은 일본의 수혈주거가 대체로 "伏屋式 平地住居 → 週堤式 竪穴住居 → 壁立式 平地住居"로 변천한다고 하였으며 이러한 견해는 일본 고고학계의 일반론 중에 하나이다(도 80). 週堤의 발생을 주거의 변천과정에서 중요한 요소로 인식했다는 점에서 우리나라 건축학계의 "움집(竪穴住居) → 반움집(垂直壁體 半竪穴住居) → 地上式 住居"로 보는 안과 차이가 있다.[60] 필자의 안은 宮本長二郎과 상당부분 일치하는데, 울산식주거지는 "週堤式 竪穴住居2 단계"에 해당된다고 할 수 있다.

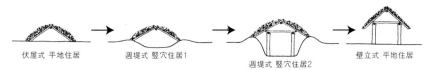

伏屋式 平地住居   週堤式 竪穴住居1   週堤式 竪穴住居2   壁立式 平地住居

〈도 80〉 일본 수혈 주거지 변천과정(淺川滋男 編 1998에서 발췌, 필자 일부수정)

---

60) 남한 건축사학계에서는 주제의 존재를 언급하지 않는다.

VIII

주거지의 변화를 통해서 본
세대공동체의 변천과정

앞에서 고찰하였듯이 남한 청동기시대 주거지의 변천과정에서 가장 큰 변화는 주거지의 공간구조와 면적의 변화이다. 물론 주거의 골조와 외형도 많은 변화과정을 거쳤겠지만, 유구로 확인되는 주거지에는 이러한 정보가 매우 제한되게 남아 있을 수밖에 없기 때문에 주거의 골조나 외형의 변천과정은 아직까지 미지의 세계로 남아있는 것이 사실이다. 이런 이유로 기존의 주거지에 관한 연구도 대부분 주거지의 공간구조나 규모 변화에 초점이 맞춰져 있다.

남한 청동기시대 주거지는 대형에서 소형 주거지로의 변화로 알려져 있으며, 대부분의 연구자들은 이런 변화를 주거에 거주하던 가족구성체의 변화로 인지하고 있다(안재호 1996; 이기성 2001; 김승옥 2006; 김현식 2006; 박성희 2015). 그리고 일본 고고학에서는 이러한 가족구성체는 경제학적으로 '단위집단'을 의미한다고 알려져 있으며(近藤義郎 1959), 이러한 단위집단은 엥겔스의 이론을 차용하여 '世帶共同體(都出比呂志 1989)'로도 불리고 있다. 한국 고고학에서도 都出比呂志의 이론을 차용하여 청동기시대 주거지의 가족구성체를 '세대공동체'로 명명하였으며(안재호 1996; 김승옥 2006) 학계의 일반론으로 자리잡았다.

따라서 청동기시대 주거지의 변천과정은 '세대공동체'의 변천과정으로 볼수 있으며, 주거지의 형식에 따라 세대공체의 구조에도 차이가 나타난다. 이에 본고에서는 세대공동체의 개념과 세대공동체가 고고학에 적용되는 과정을 이론적으로 검토하고, 그리고 앞에서 살펴본 주거지의 변천과정을 토대로 세대공동체의 변천과정과 그 배경에 대하여 고찰하고자 한다.

1. 세대공동체의 이론적 검토

90년대 이후, 우리나라에서 청동기시대의 대규모 취락유적이 발굴된 사례가 늘어나고 있다. 대규모 취락유적의 발굴이 가져다준 가장 큰 성과는 고고자료를 기능적인 측면에서만 바라보거나 편년의 대상으로만 바라보는 것에서 탈피하게 되었다는 것이다. 이렇게 취락을 다양한 시각에서 바라보기 시작하면서 나타난 현상은 다양한 용어와 이론이 소개되고 적용되기 시작하였다는 것인데, 이 글은 그러한 용어와 이론 중에서 청동기시대 취락고고학에 빈번하게 사용되고 있는 '世帶共同體'에 대한 것이다. '세대공동체'라는 용어는 한국 고고학계에서 사용되기 시작한지 10년이 넘었으며 이미 학계의 일반론으로 자리잡았다. 그러므로 그 효용성에 대해서는 논란의 여지가 없다.

세대공동체라는 용어는 고고학에서 처음 창안된 용어가 아니며 사회과학 분야에서 처음 사용된 용어이다. 더욱이 '史的唯物論'이라는 특정 연구사조에서 출현한 용어이기도 하다. 그러므로 고고학에 적용시킬 때에는 사전에 충분한 이론적 검토가 있어야 하지만, 한국고고학에서는 그런 과정이 소홀했던 것이 사실이다.

따라서 이글에서는 '세대공동체'의 이론적 · 역사적인 배경, 고고학적 적용과정, 한국 고고학에서의 세대공동체의 적용에 대해서 살펴보고자 한다.

1) 세대공동체의 개념과 이론적 기원

世帶共同體는 '世帶'와 '共同體'의 합성어이다. 즉, '여러 世帶로 구성된 集團'으로 간단히 설명할 수 있겠다. 그러나 사회과학 용어로서 세대공동체의 개념은 그리 간단한 것만은 아니다. 우선 사전적 의미의 세대란 '현실적으로 거주나 생계를 같이 하는 집단'으로 정의되며 家口와 같은 의미의 용어이다(국립국어연구원 1999). '共同體'는 사전적으로 '생활이나 행동 또는 목적 따위를 같이 하는 집단'이지만(국립국어연구원 1999), 사회과학에서 世帶共同體의 의미는 다소 복잡하다. 세대공동체라는 사회학적 용어는 본래 독일어인 'hausgenossenschaft'에서 유래한 것으로 haus(집)와 genossenschaf(게논센샤프트)의 합성어이다. 게논센샤프트는 쉽게 共同體 또는 協同體로 번역할 수 있는데, 게논센샤프트에 대하여 피아칸트(Alfred Vierkandt)는 일반적으로 계급적 지배가 성립하기 전의 원시적 자연민족의 사회집단을 의미한다고 하였으며, 퇴니에스(Ferdinand Julius Tönies)는 이를 게마인샤프트(gemeinshaft; 共同社會)와 게젤샤프트(Gesellschaft; 結合社會)로 구분하기도 하였다(角田文衛 1958). 그리고 大塚久雄(1982)은 共同體란 일정한 지역적 테두리 안에서 생산·소비·분배 등의 경제활동을 공유하며 그 형태는 공동체 내부의 생산수단(주로 土地-農地, 採園, 宅地 등)의 소유관계, 사회적 분업의 형태, 내부조직의 혈연 관계정도에 따라 규정된다고 하였다.

따라서 사회과학용어로서의 세대공동체는 '계급사회 이전의 생산·소비·분배 등의 경제활동을 공유하는 여러 세대로 이루어진 집단'으로 정의할 수 있겠다. 그러나 이런 개념은 다소 추상적이고 광범위하기 때문에 세대공동체를 깊게 이해하는 데에는 다소 부족한 면이 있다. 세대공동체라는 용어는 처음부터 그 개념이 현재의 개념과 같은 것은 아니었다. 그러므로 세대공동체의 정확한 개념을 파악하기 위해서는 세동공동체가 나타나게 된 이론적 배경에 대해서 살펴볼 필요가 있다.

처음으로 사회과학 용어로서의 공동체에 주목한 학자는 마르크스(Karl

Marx)이며, '세대공동체'도 그의 학문적 동반자인 엥겔스(Friedrich Engels)에 의해 그 개념이 만들어지고 체계화된 용어이다(F. 엥겔스 1991). 따라서 현재 고고학에서 사용되고 있는 '세대공동체'의 이론적 기원은 마르크스와 엥겔스에 있다고 볼 수 있다.

2) 세대공동체의 역사적 배경

앞에서 세대공동체의 대략의 개념과 이론적 기원에 대해서 살펴보았으며, 세대공동체를 정확히 이해하기 위해서는 세대공동체라는 용어가 출현하게 된 역사적 배경을 살펴볼 필요가 있다고 언급하였다. 그러므로 여기서는 세대공동체라는 용어가 출현하고 발전하는 과정을 학자 중심으로 살펴보도록 하겠다.

(1) 공동체의 경제사적 인식

마르크스가 고대 공동체에 대해서 관심을 가지기 시작한 것은 자본주의의 기원과 발생에 대해서 관심을 가지면서이다. 그는 자본주의에 선행하는 공동체의 유형을 토지의 소유형태에 따라 크게 '原始的 共同體', '아시아적 共同體', '古典古代(그리스-로마)적 共同體', '게르만적 共同體'로 구분하였다. 그가 유형화 했던 각 공동체를 요약·정리하면 다음과 같다.[61]

원시적 공동체 : 원시적 공동체에서 토지는 採集園, 사냥터, 住居地로서의 기능이 강했다. 따라서 특별히 토지에 대한 소유관념도 없었으며 자급자족적

---

61) 다음의 책들을 참고하여 정리하였다.
大塚久雄(이영훈 옮김), 1982, 『共同體의 基礎理論』, 돌베개.
칼 마르크스(성낙선 옮김), 1987, 『자본주의적 생산에 선행하는 제형태』, 지평.
칼 마르크스(김영민 옮김), 1987, 『자본』 I-2, 이론과 실천.
칼 마르크스·F. 엥겔스(김대웅 옮김), 1989, 『독일이데올로기』 I, 두레.
칼 마르크스(김호균 옮김), 2002, 『정치경제학 비판 요강』, 백의.

인 경제구조를 가지고 있었다. 공동체 사이의 교환은 공동체 상호간의 자연적·지리적 원인에 근거한 사회적 분업을 기초로 하고 있다. 자연적 조건의 차이에 의해 발생한 공동체별 생산물의 차이는 곧 공동체간 생산물의 교환으로 발전하는데 이것이 후에 공동체간의 연합으로 발전하기도 한다.

원시공동체의 붕괴의 가장 큰 이유는 농경의 도입으로 사적소유의 관념이 발달하였기 때문이다. 공동체 내부의 협업단위가 보다 작은 단위로 분화되고 농경에 노동력이 투입되는 과정에서 소단위의 협업단위가 점차 중요해지고 반대로 공동노동의 비중이 낮아지게 된다. 즉, 가족이라는 보다 작은 단위가 공동체 토지 중에 일정한 토지와 고정적으로 결합되면서 '공동체에 머물렀던 소유관념(占有)'이 점차 작은 단위의 小共同體으로 옮겨가는 것이다.

아시아적 공동체 : 기본적으로 灌漑農業을 기반으로 하는 공동체이고 공동체는 몇 개의 소공동체로 이루어진다고 보았다. 소공동체는 농경이 도입됨에 따라 소규모의 협업단위가 필요하게 되면서 생겨난 것이며 소공동체의 구성은 血緣的 大家族이다. 아시아적 공동체에서 모든 토지의 소유는 공동체의 소유이다. 따라서 공동체안의 소공동체는 자체의 생산력에 따른 일정한 토지를 공동체로부터 분배받아 점유할 뿐 모든 토지는 공동체의 소유이다.

아시아적 공동체에서는 소공동체가 기본적인 경영단위였기 때문에 도구제작, 소비(재생산), 토지의 경작(파종에서 수확까지) 등은 소공동체 단위로 이루어졌지만, 소공동체의 능력만으로 할 수 없는 대규모 사업인 治水, 灌漑工事, 開墾, 耕地造成, 戰爭, 宗敎儀式 등은 공동체의 공동노동을 통해 이루어졌다. 여기서 공동노동을 관리하는 상위의 가족, 소공동체가 생겨나는데, 이것을 최초의 정치적 지배권의 성립으로 볼 수 있다.

일반적으로 곡물중심의 관개농업을 기초로 한 아시아적 공동체는 하천의 물줄기를 따라 늘어선 공동체의 연합이며, 이러한 아시아적 공동체가 발전하여 나일강, 티그리스, 유프라테스강, 인더스강 유역의 專制國家가 출현하게 된다.

고전고대(그리스-로마)적 공동체 : 아시아적 형태에서는 토지의 소유가 공동체의 공동소유이지만, 고전고대적 공동체의 토지는 사유지와 공유지 2가지 형태의 토지가 있었다. 공동체는 家父長的 大家族으로 이루어졌는데, 이 가부장적 대가족은 대부분 사유지와 공유지를 모두 경영하였기 때문에 농지에는 사유지와 공유지가 혼재해 있었다. 가부장적 대가족 내부에는 가족 소유의 노예도 포함되어 있는데 농지의 경작은 가족구성원이 공동으로 경작하였다.

고전고대적 공동체에서도 공동체의 공동노동이 있었지만, 공동노동은 다른 공동체와의 전쟁이었다. 공동체는 전쟁을 통하여 토지를 늘렸으며 동시에 노예도 확보하였다. 대가족으로 구성된 공동체는 매우 호전적인 방식으로 조직되었으며 한편으로 이러한 공동체를 戰士共同體(bellicose community)라고도 하였다. 전쟁을 통해서 얻어진 토지와 노예는 전사공동체에게 분배되었다.

게르만적 공동체 : 게르만적 공동체에서 토지는 사유지와 공유지가 있었지만, 공유지는 고전고대적 형태와 질적으로 완전히 달랐다. 고전고대적 공동체에서 공유지는 사유지와 마찬가지로 농지이지만 게르만적 형태에서 공유지는 산림, 목초지에만 국한되었다.

고전고대적 공동체는 도시를 중심으로 공동체가 거주하였지만, 게르만적 공동체는 촌락을 중심으로 거주하였다. 고전고대적 공동체는 공유지의 경작이나 전쟁의 형태를 띤 공동부역으로 결집하는 공동체였지만, 게르만적 공동체는 소공동체(가족)가 촌락에 모여 사는 촌락공동체였다.

촌락에는 대장장이, 목수, 직물가공인 등의 수공업자가 존재했지만, 기본적으로 半農半工의 형태였으며 공동체의 소속이었다. 그러나 시간이 지나면서 이러한 수공업자들 중에는 공동체의 소속에서 벗어나 공동체들을 떠돌며 수공업품을 교역하는 전업집단이 생겨나게 되는데, 이른바 이들이 巡廻工人集團이다.

고전고대적 · 게르만적 공동체 내의 소공동체는 서로 형식적으로 평등했지만, 구성원(가족의 가장)이 가지고 있는 사유지의 양에 따라 불평등이 존재했다. 따라서 후에 가면 공동체 내에서 보다 많은 사유지를 확보하기 위한 치열한 경쟁이 벌어지게 되는데, 이 과정에서 많은 토지를 획득하는 영주와 토지를 소유하지 못하는 많은 소작농이 양성되게 되었다. 이것이 게르만적 공동체의 직접적인 붕괴원인이며 유럽 봉건제의 중요한 맹아 중에 하나이다.

마르크스는 연대기적으로 原始的 共同體를 가장 오래된 공동체 유형으로, 게르만적 공동체를 가장 늦은 공동체 유형으로 인식하였지만, 반드시 게르만적 공동체가 계기적으로 고전-고대적 형태나 아시아적 형태보다 늦은 것은 아니라고 하였다.

〈표 39〉 마르크스의 공동체론

공동체의 형태	원시적 공동체	농업공동체		
		아시아적 형태	그리스·로마적 형태	게르만적 형태
경제적 기반	수렵채집경제	곡물중심의 관개농업	반농반목	반농반목
토지의 소유 형태	모든 토지가 공동체의 共有地임	토지의 所有는 공동체에 있음 토지의 經營은 소공체단위로 이루어짐	공동체 소유의 共有地와 소공동체 소유의 私有地가 존재함	그리스·로마적 형태와 같음
소공동체의 특징	소공동체 없음	다른 소공동체에 군림하는 專制的 小共同體가 존재했음	好戰的 戰士共同體	村落共同體

여기서 말하는 게르만은 로마 정복 이전의 게르만 사회인데 로마정복 이전의 게르만적 사회는 오히려 아시아적 형태에서 논리적 계승성을 찾을 수 있으며, 고전고대적 형태에서의 논리적 계승성은 없다고 하였다. 마르크스가 게르만적 형태를 고전고대적 형태보다 뒤에 놓은 것은 유럽 봉건제의 기원이 로마의 제도[62]와 로마를 정복한 게르만족의 제도[63]가 결합된 것으로 인식하였기

---

62) 대토지소유제도(Latifundium).

63) 從士制(Comitatus).

때문이다.

아시아적 · 고전고대적 · 게르만적 이 세 가지 유형의 공동체는 농경형태에서 차이가 있지만, 생산관계 즉, '공동체와 소공동체의 관계'는 큰 차이가 없는 것으로 인식하였으며 이 세가지 유형을 모두 '농업공동체'로 혼용하기도 하였다.

따라서 마르크스와 엥겔스의 공동체는 크게 원시공동체와 농업공동체로 구분할 수 있으며 농업공동체는 농경의 형태와 토지 소유 및 점유의 정도 · 형태에 따라 세가지 형태로 유형화할 수 있다.

이러한 마르크스의 공동체론은 당시로서는 매우 독창적이고 체계적인 것이었지만, 실증적 자료가 부족한 것이 커다란 결점이었다. 마르크스가 참고한 자료 중에 그리스 · 로마와 게르만 공동체에 대한 것은 비교적 폭이 넓었다고 할 수 있지만, 아시아적 공동체에 대한 것은 매우 제한적이고 편협했기 때문에 실증적 논거가 부족한 것이 사실이다. 그러나 당시 유럽사회에서 고대사회에 대한 지식수준이 걸음마 단계였기 때문에 그것은 그의 잘못이기보다는 시대적 한계였다.

이유야 어떻든 간에, 그의 이론은 당시 만해도 미완의 이론이라 볼 수 있다. 이러한 미완의 이론이 부각되고 완성되는 전기를 맞게 되는 것은 그로부터 19년 후인데, 그것은 인류학자인 루이스 헨리 모건(Lewis Henry Morgan)이 1877, 『고대사회(Ancient Society)』(최달곤 · 정동호 옮김, 2000)를 발표하면서이다.

(2) 공동체의 인류학적 접근

모건은 『고대사회』를 통해 괄목할만한 연구 성과를 이룩하였는데 특히 民族誌調査를 통해 원시 · 고대사회를 규명하려 한 시도는 그가 거의 최초였다. 그는 아메리카 인디언의 친족관계에 주목하고 이를 이론화시켜, 가족의 형태가 결혼의 형태에 따라 혈족혼 가족(Consanquine Family), 푸날루아 가족(Punaluan Family), 대우혼 가족(Syndyasmian Family), 가부장적 가족(Patriarchal

Family), 일부일처 가족(Monogamian)으로 변한다고 하였다. 그리고 인류문화
의 발전단계는 야만(savagery), 미개(barbarism), 문명(civilization) 순으로 진화
한다고 주장하였다.

모건의 이론에서 인류의 집단유형이 단계를 거쳐 진화한다는 점과 가족의
규모가 점점 작아진다고 생각한 점은 마르크스의 이론과 매우 유사하지만,
마르크스는 경제적 관계에, 모건은 친족관계(친족조직의 결혼형태)에 좀 더 비중
을 둔 것이 큰 차이점이다.

이렇듯 두 사람의 이론은 서로 닮아 있지만, 그의 저서에서 마르크스의 영
향을 받았다는 증거는 확인되지 않으며, 그는 기본적으로 민족지조사를 바탕
으로 그의 이론을 만든 것으로 보인다. 마르크스도 『고대사회』가 발간되기 전
까지 모건의 존재를 몰랐으며 모건도 『고대사회』를 집필할 당시에 마르크스
의 『자본주의적 생산에 선행하는 제형태』를 접하지 못하였다(大塚 實 1991).

모건의 이론은 마르크스에게 영향을 받은 것은 아니며, 오히려 모건의 이
론은 후에 마르크스와 엥겔스가 사적 유물론을 체계화시키는데 중요한 역할
을 하게 된다. 따라서 결과적으로 모건의 연구는 실증적 자료가 부족했던 마
르크스 이론에 중요한 실증적 자료가 된 셈이다.

(3) 세대공동체의 발견

마르크스와 모건의 연구를 한 단계 발전시킨 학자는 마르크스의 학문적 동
반자인 프리드리히 엥겔스(Friedrich Engels)였다. 엥겔스는 모건의 『고대사회』
를 바탕으로 저술한 『가족 사유재산 국가의 기원』(F. 엥겔스/김대웅 옮김 1991)
에서 공동체 이론을 체계화시킨다. 『가족 사유재산 국가의 기원』에서 『고대
사회』가 차지하는 비중은 엄청난데 본문에서 70% 이상이 『고대사회』에서 발
췌된 것이며, 모건의 이론은 엥겔스를 통해 유럽사회에 퍼지게 된다.

그의 연구 중에 마르크스의 연구보다 큰 발전을 보인 부분은 농업공동체를
구성하는 기본적인 단위인 '소공동체', 즉 家口(household)에 대한 것으로 그
는 마르크스의 연구와 모간의 연구를 근간으로 '친족집단 → 세대공동체 → 개

별가족'이라는 변화 모델을 제시하며 마르크스의 소공동체를 세대공동체로 정의하였다.

그는 세대공동체를 '群婚에서 발생한 모권적 가족으로부터 현대세계의 개별 가족으로 이행하는 과도적 단계'라고 하였으며, 구체적인 형태에 대해서는 '한 명의 아버지에서 파생된 몇 세대에 걸친 자손들과 그들의 아내들을 포괄하고 있으며, 공동으로 밭을 갈고, 공동으로 거주하며, 공동저장물을 먹고 입으며, 여분의 수확을 공동으로 소유한다'고 하였다.

그리고 그는 이러한 대가족공동체가 유럽의 로마, 켈트족, 게르만족, 슬라브족은 물론이고 아시아의 여러 종족, 아메리카의 인디언 사회 등에서도 확인된다고 하였다. 이것을 근거로 '세대공동체'가 세계사적으로 폭넓은 시기에 존재했다고 확신하였다.

이러한 엥겔스의 고대사회에 대한 기본적인 인식은 마르크스의 인식과 같다고 볼 수 있는데, 그것은 생산, 소유의 단위가 共同體 → 小共同體(世帶共同體) → 個人으로 변하고 이에 따라 가족의 형태도 대가족에서 핵가족으로 변화한다고 본 점이다.

(4) 세대공동체의 이론적 구조

마르크스가 제시한 농업공동체(아시아적 · 고전고대적 · 게르만적 공동체)의 소공동체, 모건의 가부장적 대가족, 엥겔스의 세대공동체는 그 명칭에서 차이가 있지만 개념적으로는 동일하다. 다만 시간이 지남에 따라 그 개념이 구체화되고 이론적으로 체계화되는 것으로 이해할 수 있는데 이를 요약 · 정리하면 다음과 같다.

① 고대 사회는 크게 원시공동체 사회와 농업공동체 사회로 구분된다. 원시공동체는 수렵채집경제단계에 해당되며 농업공동체는 농경사회단계에 해당된다.

② 원시공동체는 하위의 소공동체가 없지만, 농업공동체는 여러 개의 소공동체로 이루어져 있으며 소공동체는 가장 기초적인 경제활동(생산, 소비, 분배)

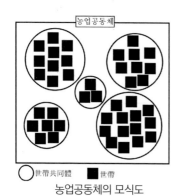

		원시 공동체	농업공동체
토지의 경영단위	소유	공동체	공동체
	점유	공동체	세대공동체
협업 단위	농지의 조성 및 개간·관개공사	공동체	공동체
	경작 도구제작	공동체	세대공동체
소공동체의 형태		없음	세대공동체

○ 世帶共同體　■ 世帶

농업공동체의 모식도

〈도 81〉 마르크스의 농업공동체 구조

이 이루어지는 단위이다. 그리고 소공동체의 형태는 세대공동체이다.

③ 세대공동체는 계급사회 이전의 생산·소비·분배 등의 경제활동을 공유하는 여러 세대로 이루어진 집단이다.

④ 세대공동체는 농업공동체의 기초적인 경제활동(생산, 소비, 분배)단위이자 또한 협업단위이다. 즉, 농지의 조성·개간·관개 등은 공동체단위로 농지의 경작·분배·소비는 소공동체단위로 이루어졌다.

⑤ 생산력의 발전과 맞물려 경영단위가 친족집단 → 세대공동체 → 개별가족(一夫一妻制家族)으로 변하고 이에 따라 소유관념도 공동체의 공유 → 세대공동체의 점유 → 사적 소유로 변한다.

3) 세대공동체의 고고학적 접근

지금까지 세대공동체가 이론적으로 성립되는 과정에 대하여 살펴보았다. 여기서는 사회과학적 개념인 세대공동체가 고고학에 적용되는 과정에 대해 간단히 살펴보자.

앞에서 살펴보았듯이 세공동체 이론을 체계화시켰던 학자들은 고고학자가 아니기 때문에 그들의 이론은 실증적 근거가 부족한 것이 사실이다. 그러나 당시의 고고학은 이제 막 *好古主意*에서 벗어나기 시작한 단계이기 때문에 실증적 근거가 부족한 것은 그들의 잘못이 아니라 시대적 한계였다. 이후, 세대공동체 이론은 구미의 신진화주의의 고고학자들과 일본의 마르크스주의 고고학자들에 의해 고고학에 본격적으로 적용된다.

(1) 신진화주의

20세기에 접어들면서 마르크스의 사적유물론이 고고학에 적용되기 시작하는데 그 계기적인 사건은 1917년에 일어났던 '러시아혁명'이었다. 러시아혁명으로 최초의 사회주의 국가인 소련이 탄생하는데, 러시아혁명은 마르크스주의가 최초로 정치권력과 결합한 사건으로 볼 수 있다. 초창기 러시아의 역사학자들은 사실 역사학자이기보다는 정치인이나 혁명가에 가까웠기 때문에 마르크스주의에서 현실적인 문제와 미래사회의 전망을 다룬 분야인 사회주의 이론에 더 큰 관심을 두었다.

사적 유물론에서 '계급투쟁' 등의 갈등론적 시각이 부각되게 된 것[64]은 마르크스 본인에 의한 것이기보다는 마르크스주의를 도그마로 받아들였던 소비에트, 동독, 중국 등의 사회주의 국가의 역사학자들에 의해서이다. 사회주의 국가의 역사학자들은 역사발전 단계를 '원시공동체-고대노예제-봉건주의-자본주의-사회주의'[65]로 단순·도식화하였다. 이러한 역사관에서 사적 유물론은 역사해석에 있어서 방법론이 아니라 결론이기 때문에 고고학, 문헌사학 등의 실증적 학문들을 정해진 결론에 맞는 자료를 선택하는 도구 전락시키고 그것을 근거로 역사를 정치적 수단화하는 오류를 범하기에 이른다.

아이러니컬하게도 사적 유물론의 고고학적 적용은 오히려 非사회주의 국

---

64) 사적 유물론의 핵심적인 내용은 다음의 3가지 정도로 요약할 수 있을 것이다. 첫째, 사회적 관계가 경제적 관계인 생산관계에 의해 규정된다. 둘째, 생산관계는 당대의 생산력과 조응하여 생산양식으로 나타난다. 셋째, 한 사회는 토대와 상부구조로 구성되며 토대가 상부구조를 규정한다.
65) 이러한 도식은 마르크스가 만든 것이 아니라 소비에트의 역사학자들이 만든 것이다.

가의 고고학자들에 의해 빛을 발휘하게 되는데, 이들은 사적 유물론의 이론적 명제나 결론보다는 사적 유물론의 역사적 인식방법에 주목하였다. 주지하다시피 이들 가운데 가장 선구적인 사람이 고든 차일드(Vere Gordon Childe)이다(브루스 트리거 1997). 특히, 세대공동체 또는 소공체와 관련된 연구에 있어서는 프래너리(Kent Flannery), 스미스 (Smith) 등의 신진화주의 고고학자들을 빼놓을 수 없을 것이다(김승옥 1998). 이들은 남아메리카의 민족지자료와 접목하여 취락이 몇 개의 분절적인 주거군으로 이루어진다고 인식하였으며 이를 소공동체로 인식하였다. 그리고 이러한 소공동체간의 파벌적 경쟁에 의해 사회적 불평등이 나타난다고 하였다.

(2) 일본의 마르크스주의 고고학

신진화주의자들에 의해 세대공동체에 대한 고고학적 연구가 주도된 곳이 歐美였다면, 마르크스주의자들에 의해 주도된 곳은 일본이었다. 일본 고고학계에서 세대공동체에 대한 최초의 언급은 1936년에 和島誠一에 의한 것으로 알려져 있다(大塚 實 1991). 이후 近藤義郎(1959)가 和島誠一의 이론을 수용하여 야요이시대의 취락유적인 津山市沼遺蹟에서 단위집단의 존재를 상정하였다.

近藤義郎는 津山市沼遺蹟에서 반원상의 배치를 보이는 5동의 주거지가 1개의 공동 작업장, 1~2개의 공동창고(高床家屋)를 가지는 것을 주목하여 이를 생산·소비를 공유하는 하나의 단위집단으로 인식하였다. 일본 고고학계에서도 이전부터 공동체에 대한 논의는 있어왔지만, 공동체 이론을 직접 고고학적 자료와 구체적으로 대응시킨 연구자는 近藤義郎를 최초로 볼 수 있다. 이후 近藤義郎의 이론은 都出比呂志(1989)에 의해 더욱 체계화되어 '단위집단=세대공동체'라는 등식이 완전히 학계에 자리 잡는다. 그의 이론을 간단히 소개하면 다음과 같다.

그는 고대 공동체를 자연 지리적 조건에 의한 경제형태, 내부 소경영체 간의 결합형태에 따라 '원시공동체'와 '농업공동체'로 양분하고, 원시공동체는 채집경제를 기반으로, 농업공동체는 농경을 기반으로 한 공동체라 하였다. 원시공동체는 수렵채집단계와 목축과 농경이 도입된 단계로 구분하였는데, 대형동물을 사냥하면서 계절적인 협업이 발달하고, 이 과정에서 經濟單位로서의 최초의 小經營體가 형성되었다고 생각하였다.

농업공동체를 크게 농경형태, 소경영체의 자립성 정도에 따라 天水・火田作 중심의 小經營顯在型과 人工灌漑農業 중심의 小經營抑壓型으로 구분하여, 소경영현재형을 소경영체의 자립성이 강조된 유형으로, 소경영억압형을 소경영체의 협업이 강조된 유형으로 보았다. 소경영현재형의 대표적인 예는 서아시아 고원의 초기 麥類 재배단계, 중국 화북의 초기 조 재배단계, 아메리카의 옥수수 재배단계가 있으며, 소경영억압형의 대표적인 예는 서아시아 충적지의 麥類 재배단계, 동아시아의 수도작 재배단계, 안데스지역의 옥수수 재배단계가 있다고 하였다.

〈표 40〉 都出比呂志의 共同體論

공동체의 형태	원시 공동체	농업공동체		
		소경영현재형		소경영억압형
		散住型	集住型	
생업형태	수렵채집	天水・火田作 중심	수도작의 비율이 높음	人工灌漑農業
소경영체의 특징	소경영체 없음	소경영체의 자립성이 높음		소경영체의 협업이 강조됨
세계	구석기시대	알프스 이북의 신석기시대 집락	지중해지방의 신석기시대, 앙소문화의 환호집락	서아시아 충적지의 맥류재배단계 동아시아의 수도작 재배단계 안데스지역의 옥수수 재배단계
		서아시아 고원의 초기 맥류재배단계 중국 화북의 초기 조 재배단계 아메리카의 옥수수 재배단계		
일본	구석기시대	조몬시대	야요이시대	고분시대

소경영현재형 농업공동체는 거주형태의 차이에 의해 散居型과 集住型으로 구분된다고 하였는데 散居型은 인구가 희박한 지역이나 水稻作보다 火田作의 비중이 큰 지역에서 발달하였으며 集住型은 농경의 생산성이 높아 생업에

서 목축, 수공업, 교역 등이 차지하는 비중이 상대적으로 높은 지역에서 발달하였으며 공동체의 생산물을 방어하기 위한 圍郭集落(방어집락) 형태의 집주를 보이는 곳도 있었다고 하였다. 산거형의 대표적인 예로는 알프스 이북의 신석기시대 집락이 있으며, 집주형의 대표적인 예로는 지중해 지방의 신석기시대 圍郭集落, 仰韶文化의 環濠集落 등이 있다고 하였다. 그리고 이러한 공동체의 모델을 고고자료의 분석과 해석을 통해 일본고고학에 적용시켰는데 수렵목축단계의 원시공동체는 구석기시대에, 농경도입단계의 공동체는 繩文時代에 해당된다고 하였다. 농업공동체는 彌生時代와 古墳時代가 해당되는데 농업공동체도 小經營顯在型에서 小經營抑壓型으로 발전한다고 보았으며 小經營抑壓型의 수장과 농업공동체 구성원간의 계급관계가 심화되어 首長制社會가 성립된다고 하였다.

한편, 그는 농업공동체가 소경영체에 의하여 경영된다고 보았으며 이러한 소경영체는 혈연적 가족으로 이루어져 있으며, 공동체 내에서 생산·소비를 공동으로 하는 최소경제단위라 하였다. 소경영체는 고고자료에서 한 개의 창고를 공유하는 여러 동의 주거집합체로 나타난다고 하고 이것을 世帶共同體라 하였다. 그리고 공동체 내에서 남녀의 성별분업과 농업, 수렵, 채집, 수공업 등의 분업은 비교적 명확하다고 하였으며, 혼인에 따른 거주의 형태는 夫方居住婚과 妻方居住婚⁶⁶⁾이 선택적으로 혼용되고 있었지만, 그것을 쌍계제사회로 부르는 것은 적절하지 않다고 하였다.

이러한 都出比呂志의 이론은 마르크스와 엥겔스의 이론에서 큰 영향을 받았다. 그러나 마르크스의 초기이론은 그 모델이 근본적으로 농경에서 목축의 비중이 높은 유럽사회에 해당되는 것이기 때문에 곡물재배 중심의 아시아 사회에 적용시키는 문제는 비판의 여지가 있었다. 마르크스가 이러한 이유에서 특별히 아시아적 공동체를 언급하였기는 하지만, 그것도 고대 중동지방을 근

---

66) 夫方居住: 결혼해서 남편이 거주하던 곳에서 거주하는 것.
　　妻方居住: 결혼해서 남편이 거주하던 곳에서 거주하는 것.

거로 언급한 것이기 때문에 벼농사 중심의 동아시아 사회에 그대로 적용한다는 것은 분명히 문제가 있는 것이었다.

都出比呂志는 이러한 초창기 공동체론의 문제점을 명쾌하게 해결하였다. 그의 농업공동체에서의 소경영현재형과 소경영억압형의 구분은 이러한 해결책의 일환으로 나온 것으로 생각되며, 이를 고고학적으로 증명하려고 노력하였다. 그 결과 상당히 유효한 결론을 얻을 수 있었다. 都出比呂志의 이론은 일본 고고학계에 널리 받아들여지며 일본고고학의 대표적인 이론 중에 하나로 자리 잡았다.

4) 한국고고학에서의 적용

지금까지 세대공동체의 개념과 이론적 배경, 고고학에 적용되는 과정에 대하여 간략하게 살펴보았다. 여기서는 세대공동체가 한국고고학에 적용된 사례를 연구자 중심으로 살펴보도록 하겠다.

일본에서 사적유물론 및 공동체론에 대한 고고학적 적용이 활발하게 논의된 반면, 한국, 특히 남한학계에서는 거의 논의되지 못했던 것이 사실이다. 남북한을 통틀어 세대공동체에 관한 이론을 처음으로 소개하고 이를 고대사에 접목시킨 것은 1933년 백남운에 의해서인데, 시작은 오히려 일본보다 빠르다. 백남운은 엥겔스의 『가족, 사유재산, 국가의 기원』을 거의 여과 없이 한국고대사에 적용시켰다. 지금의 관점에서 보면 그의 주장은 다소 투박하고 단순한 논리로 이루어졌지만, 당시 한국의 지식사회에 커다란 충격을 주었다. 이후 남북이 분단되면서 백남운은 사회주의 체제인 북한을 선택하게 되고 북한의 고고 · 역사학계에 상당한 영향을 주게 된다.

고고자료에 처음으로 접목시킨 것 역시 북한 학계인데, 범의구석유적 제2기층 집자리와 공귀리유적의 집자리 배치상태[67]를 근거로 기원전 2000년기

---

67) 4~5동의 주거지가 일정한 거리를 두고 군집을 이룬다.

의 가족 형태를 엥겔스의 용어를 차용하여 가부장적 가족공동체라 하였다(사회과학원 고고학연구소 1977). 이러한 주장은 백남운의 주장과 크게 다를 바가 없는 것이고 단편적인 자료만 이용한 것이지만, 한국고고학에서 처음으로 고고자료를 통한 것이라는데 의의가 있다. 그러나 이후 북한학계에서는 더 이상 논의가 진전되지 못한다.

남한 고고학에서 세대공동체에 관한 연구는 일본의 영향으로 시작되었으며, 그 계기는 우리나라에서 최초로 완전한 형태의 환호취락인 검단리 유적이 발굴되면서이고(정한덕 1995), 그리고 처음으로 공동체론을 고고자료와 접목시킨 학자도 검단리유적의 발굴을 주도하였던 安在晧(1996)이다. 그는 청동기시대의 주거지 규모가 노지가 여러 개인 대형 주거지에서 노지가 1개인 소형 주거지가 군집을 이루는 형태로, 그리고 다시 이러한 소형 주거지의 군집이 허물어지고 주거지간에 우열이 생기는 것에 주목하여 청동기시대의 가족체가 大家族體-世帶共同體-核家族으로 분화한다고 하였다(안재호 2006). 그리고 주거지가 3~5동씩 군집을 이루는 것을 세대공동체로 해석하였는데 이는 近藤義郎의 단위집단, 都出比呂志의 세대공동체와 같은 맥락이다. 그러나 안재호는 용어에 있어서는 엥겔스의 것을 따르고 있지만, 그 내재된 의미에는 다소 차이가 있는 것으로 보인다. 그는 대가족체와 세대공동체의 차이를 '공동거주'와 '개별 거주'의 차이로 설명하고 있다. 그러나 엥겔스는 공동 거주하는 형태나 개별 거주하는 형태 모두 세대공동체로 통칭하였다. 이렇게 안재호와 엥겔스의 세대공동체 개념에 차이가 있는 근본적인 이유는 안재호가 실재 표면화된 물질자료의 차이에 비중을 둔 반면, 엥겔스는 인간들의 경제적 관계에 비중을 둔 것이기 때문일 것이다. 왜냐하면 실제 고고자료에서 거주형태의 차이는 읽어낼 수 있어도 인간들의 경제적 관계를 밝히는 것은 매우 어려운 일이기 때문이다. 그리고 엥겔스는 '공동거주'의 개념을 '한 지붕아래에 거주'로 좁혀서 이해하지 않고 '일상적인 경제 활동의 공유'로 넓게 생각한 것도 하나의 이유인 것으로 생각해 볼 수 있다.

엥겔스의 세대공동체 개념[68]으로 본다면 안재호가 이야기했던 흔암리문화단계의 대가족체도 세대공동체인 것이다. 따라서 기왕에 엥겔스의 개념을 차용하고자 한다면 좀 더 그의 개념에 충실할 필요가 있으므로, 전기의 대가족체도 세대공동체로 보는 것이 세대공동체의 본래 개념에 충실한 것으로 생각된다. 그러나 안재호는 그의 주장에 대하여 충분한 실증적 근거를 제시하였기 때문에 엥겔스와의 차이는 단지 세대공동체 개념상의 인식론적 차이이지, 고고자료 해석상의 오류는 아니라고 볼 수 있다.

이후, 남한고고학에 '세대공동체'는 청동기시대 취락연구에서 보편적인 용어로 자리 잡기 시작하는데, 주목할 만한 것은 김승옥의 연구(2006)이다. 그는 청동기시대 주거지가 전기의 대형주거지에서 중기의 소형주거지로 변화하는 점과 중기에 무덤과 주거에서 공통적으로 공간적 군집화가 발견된다는 점을 근거로 중기취락에서 세대공동체를 확인할 수 있다고 하였다. 그리고 안재호의 전기-대가족체에서 중기-세대공동체로 변한다는 견해를 비판하며, 전기의 대형주거지 역시 세대공동체의 주거라고 주장하였다. 김승옥은 전기: 대형 주거지에서 중기: 소형 주거지의 군집으로 변화는 가족체의 변화가 아니며 거주방식의 변화(공동거주에서 세대별 독립거주로 변함)라고 하였다.

필자도 김승옥과 비슷한 견해를 제시하였는데(2006), 김승옥은 거주방식의 변화 요인을 농경사회의 사회조직과 노동의 전문화에 따른 것으로 보았지만, 필자는 노동 수요의 증가에 따른 협업체계의 변화(대단위에서 소단위로 변함)로 본다는 점에서 차이가 있다.

이상으로 공동체론에 대하여 이론적 배경과 고고학에 적용된 사례를 중심으로 살펴보았다. 이론을 이해하고 소개하는 과정에서 필자 나름대로 많은 자료와 논문을 참조하려 노력하였지만, 필자의 능력부족에서 오는 한계를 극

---

68) '… 공동으로 밭을 갈고, 공동으로 거주하며, 공동저장물을 먹고 입으며, …'(엥겔스 1991, 79쪽).

복하지 못하였다. 그러므로 내용에 대하여 오해한 부분도 적지 않을 것이라 생각되며 이는 전적으로 필자의 책임이다.

여기서 소개한 세대공동체와 관련된 이론도 사적 유물론이 비판을 받는 이유들인, 공식화·도식화된 이론, 연적적인 논리구조라는 비판을 피할 수 없다고 생각한다. 그러나 공동체론은 고대사회를 인식하는 거의 최초의 이론이었으며 그것이 갖고 있는 오류들은 자료적 한계와 시대적 한계에서 기인한 것이 대부분이라 생각한다. 그렇기 때문에 초기의 공동체론은 실제 민족지 자료와 고고자료에 의해 오류로 판명된 것도 많은 것이 사실이다. 그러나 지금의 세대공동체 이론은 그간 많은 학자들의 연구를 통해 상당부분 수정되고 새롭게 체계화되었다. 이렇게 수정된 이론들은 실제 고고자료의 검증을 통해 이미 상당히 설득력 있는 이론으로 자리 잡고 있다.

세대공동체론 핵심은 사회가 변하는데 있어 가장 중요하게 작용하는 것이 인간과 인간의 물질적·경제적 관계라는 것이다. 여기서 소개하고 제시하였던 모델들은 단지 그 관계를 이해하기 쉽게 추상화·상징화·유형화 한 것일 뿐이다.

고고학의 새로운 이론들이 넘치고 있는데 구시대의 낡은 이론을 적용하는 것이 시대에 뒤떨어진 발상일 수도 있다. 그러나 새로운 이론이든 낡은 이론이든 중요한 것은 어떻게 고고자료에 접목시킬 것인가이다. 지금 한국 고고학계에 소개되고 있는 다양한 이론들 가운데 이러한 문제에서 자유로운 이론은 없다고 생각한다. 이 문제를 해결하는 것은 결국 고고학자의 몫이다.

2. 청동기시대 세대공동체의 변천과정

앞에서 세대공동체에 대한 이론적 검토를 하였다. 지금부터는 남한 청동기시대 주거지 변화에 따른 세대공동체의 변천과정에 대하여 고찰하고자 한다.

1) 주거지의 면적변화

앞장에서 고찰한 주거지의 변천과정에 따르면, 남한 청동기시대 주거지에서 가장 큰 변화는 주거 면적이 감소하고 주거의 공간구조가 복수의 노지에서 단수의 노지로 변천한다는 것이다. 좀 더 구체적으로 조기에는 단수 또는 2개의 노지를 갖춘 대형 주거지 중심이고, 전기에는 복수의 노지를 갖춘 대형 주거지가 중심을 이룬다. 그리고 후기가 되면 단수의 노지를 갖추거나 노지가 없는 소형 주거지 중심을 이룬다.

조기~전기의 주거지인 둔산식, 용암식, 관산리식주거지의 면적은 작게는 10㎡에서 크게는 100㎡ 이상까지 큰 편차를 보이지만, 대체로 20~60㎡가 중심을 이룬다. 이에 반해 후기의 주거지인 울산식주거지와 송국리식주거지는 면적 분포가 10~40㎡의 면적 분포를 보이며 대체로 15~20㎡의 주거지가 중심을 이룬다. 전반적인 주거지의 면적 변화는 조기~전기에는 중·대형 주거지가 중심 이루다 후기가 되면 소형주거지가 중심을 이룬다고 볼 수 있다.

주거의 면적에 영향을 미치는 요소는 여러 가지가 있겠지만, 사회 계층화가 정도가 상대적으로 낮았던 선사시대에는 거주인원이 가장 큰 영향을 미쳤다고 보는 것이 합리적이다. 주거지의 면적에 따라 어느 정도 인원을 적정 거주인원 상정할 것인지는 1인당 점유 면적을 어떻게 정할 것인지에 따라 다를 수밖에 없다. 필자는 기존의 연구에서 공용공간을 제외한 수면공간에 사람이 누웠을 때 공간을 점유하는 면적에 따라 거주인원을 산출하는 것이 합리적이

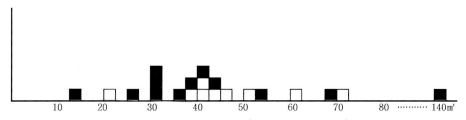

〈도 82〉 호서지역 둔산식·용암식 주거지의 도수분포도(□: 둔산식, ■: 용암식)

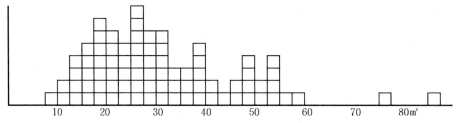

〈도 83〉 호서지역 관산리식주거지 면적 도수분포도

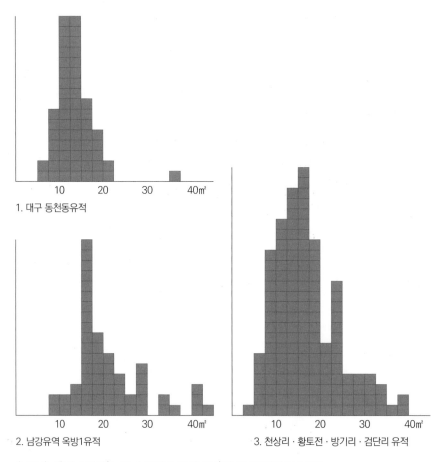

1. 대구 동천동유적

2. 남강유역 옥방1유적

3. 천상리 · 황토전 · 방기리 · 검단리 유적

〈도 84〉 후기 주거지(1 · 2: 송국리식, 3: 울산식)의 주거지면적 도수분포라는 견해를 제시한 바 있다(김현식 2005). 그 기준에 따라 1인당 점유면적을 산출하면 대략 2㎡ 정도가 될 것이다. 이런 기준에 따라 시기별 주거지의 대략적인 거주인원을 산출하면 조기~전기에는 한 주거에 10~50명 정도의 거주인원을 상정할 수 있으며, 후기에는 한 주거지에 5~10명 정도의 거주인원을 상정할 수 있다.

거주인원에 따른 가족구성체를 어떻게 볼 것인지는 연구자마다 미세한 차이가 있긴 하지만, 대체로 조기~전기에는 여러 세대가 한 주거지에 거주하고, 후기에는 세대별 거주했다는 점에 대해서는 일치하고 있으며(안재호 1996; 이기성 2001; 이홍종 2005; 김승옥 2006), 그 명칭을 '세대공동체'로 인식하고 한다. 따라서 필자는 기존의 연구성과를 참고하여 조기~전기 주거지는 세대공동체 공동의 주거로, 후기의 주거는 세대의 개별주거로 보고자 한다.

2) 주거지 공간구조의 변화

주거지의 공간구조는 주거지 내부 시설인 노지, 기둥자리, 저장혈 등의 내부시설의 배치 양상으로 결정된다. 내부 시설의 배치 양상으로 봤을 때 주거지의 공간구조는 크게 벽쪽의 공간은 저장수납공간으로 나머지 안쪽 공간은 생활과 관련된 공간이라 할 수 있다. 저장혈 등이 모두 벽쪽 공간에서 확인되는 점과 도구류 등의 유물이 벽쪽 공간에서 출토 비율이 높다는 점에서 벽쪽 공간이 저장, 수납과 관련된 공간이고 안쪽 공간이 생활과 관련된 공간이라는데는 대부분의 연구자들의 견해가 일치하고 있다.

조기와 후기 주거지에서 기본적인 공간구조의 양상은 큰 차이점이 없지만, 노지의 숫자에서는 확연한 차이를 보인다. 조기의 주거지에서는 노지가 최소 1개에서 최대 4개까지 확인되며 1~2개의 노지를 가진 주거지가 대부분이다. 그러나 전기의 주거지에서는 1개에서 최대 10개의 노지가 확인되며 대체로 2~4개의 노지를 가진 주거지가 가장 많은 수를 차지한다. 그리고 후기의 주서지에서는 노지가 없거나(송국리식주거지), 1개의 노지만 확인되는 경우가

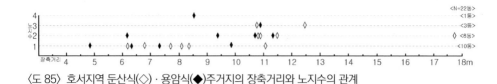

〈도 85〉 호서지역 둔산식(◇)·용암식(◆)주거지의 장축거리와 노지수의 관계

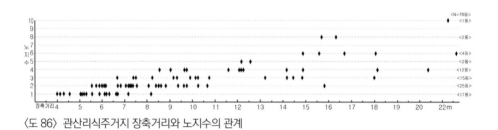

〈도 86〉 관산리식주거지 장축거리와 노지수의 관계

대부분이다(울산식식주거지). 그러므로 주거지의 공간구조에서 가장 큰 변화는 노지의 수가 조기에는 1~2개, 전기에는 2~4개, 후기에는 0~1개로 변한다는 데 있다.

주거에서 노지의 기능 중에 대표적인 것은 취사이며 취사는 경제활동 중에 소비와 관련된 행위로 볼 수 있다. 따라서 주거에서 노지의 수는 소비단위를 반영한다고 생각한다. 따라서 조기의 주거에서는 2~4개의 세대로 이루어진 세대공동체가 공동으로 거주를 하지만 소비단위는 1~2개 정도로 운영된 것으로 볼 수 있다. 그리고 전기의 주거에서는 2~4개의 세대로 이루어진 세대공동체가 공동거주를 하고 소비단위는 구성 세대별로 운영된 것으로 볼 수 있다. 기존의 연구(안재호 1996)에서도 관산리식주거지의 1개 노지는 1개의 세대를 의미한다고 하였다.

후기가 되면 세대공동체는 각 세대별로 독립적인 거주를 하고 소비 역시 세대별로 운영된 것으로 볼 수 있다. 후기 취락의 주거지 배치양상을 보면 주거지에서 4~5동의 주거지가 군집을 이루는 것이 확인되는데 이러한 한 개의

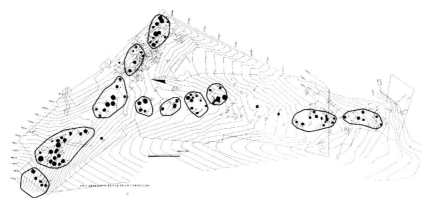

〈도 87〉 보령 관창리 유적의 세대공동체(흑색으로 칠한 것이 주거지임)

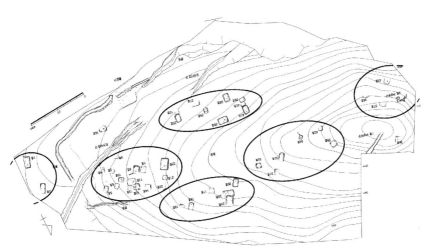

〈도 88〉 울산 천상리유적의 세대공동체

군집은 한단위의 세대공동체를 의미한다고 알려져 있다(안재호 1996; 김승옥 2006).

결국 세대공동체의 변천과정은 세대공동체를 구성하는 세대의 자립성이 강화되는 방향으로 변천한 것인데, 近藤義郎(1959)은 공동체 구성원들의 자립성이 강화되면 공동체의 규제간에 모순이 발생하게 되고 이것을 조정하고 관리하는 '首長'이 출현한다고 보았다.[69]

3) 주거의 增築과 分家

(1) 조기~전기

전기의 관산리식주거지는 장축거리에 상관없이 단축 거리가 일정하게 2.5~3.5m라는 특징이 있다. 바꿔 말하면 장축거리에 의해 주거지의 면적이 정해지는 것이다. 노지의 수도 주거지의 장축의 길이에 비례하는 경향이 뚜렷하다. 사실 전기 취락의 모든 주거지가 대형 주거지는 아니다. 일반적으로 확인되는 전기 취락의 모습은 대형 주거지와 중소형 주거거가 혼재하는 양상이라 할 수 있다. 필자는 이러한 주거지의 구성은 취락 출현기부터 고정적인 형태의 구성은 아니라고 보며, 대형 주거지는 소형 주거지의 증축 과정을 통해 나타난 주거지로 보고자 한다.

즉 소형 주거지가 증측되어 중대형 주거지로 확장되고, 확장의 한계에 다다른 대형 주거지에서 分家를 통해 다시 소형 주거지가 출현한다고 볼 수 있으며, 유적으로 발견되는 취락의 폐기단계의 다양한 면적의 주거구성은 이러한 增築과 分家 현상이 활발했음을 의미한다고 생각한다.

관산리식주거지에서에 증축이 있었다는 견해는 이미 여러 연구자들에게 단편적이긴 하지만, 반복적으로 언급되었다(안재호 1996; 이남석 외 1998). 그러나 그것에 대한 구체적인 해석이나 고고학적인 증거는 충분하지 못한 것이 사실이다.

실제로 발굴된 자료 중에는 증축의 증거가 확인되는 예가 적지 않은데, 아산 명암리유적 10호가 대표적이다. 이 주거지는 노지가 4개이고 저장혈이 3

---

69) 이러한 近藤義郎(1959)의 이론은 '생산력과 생산관계의 모순에 의해 계급이 출현'했다는 마르크스와 엥겔스의 계급론에서 영향을 크게 받은 것이다.

군데에서 확인된다. 주의 깊게 볼 것은 북장벽에서 굴곡이 확인되고, 그 굴곡이 있는 공간과 저장혈이 있는 공간이 일치한다는 것이다(도 89).

따라서 다음과 같이 증축과정을 설명하고자 한다. 최초의 주거지는 주혈 1개와 저장혈 1개소의 장방형 주거였다. 여기서 동쪽단벽을 허물고 노지 1개, 저장혈을 추가하였다(1차 증축). 다음 서단벽을 허물고 노지 2개와 저장혈을 추가하였다(2차 증축).

관산리식주거지에서 증축은 일상적으로 일어났다고 생각된다. 관산리식주

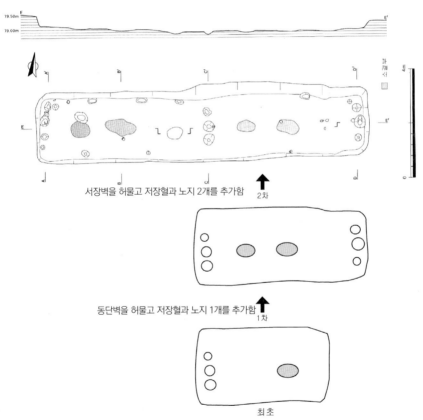

서장벽을 허물고 저장혈과 노지 2개를 추가함 ↑ 2차

동단벽을 허물고 저장혈과 노지 1개를 추가함 ↑ 1차

최초

〈도 89〉 관산리식주거지의 증축(명암리 10호)

거지 중에는 바닥에 용도를 알 수 없는 많은 수혈들이 확인되는 주거지가 있다. 그것들은 주거지를 증축하는 과정에서 생긴 흔적들로 볼 수 있다.

또한 노지가 위석식인 점을 제외하고는 평면형태나 주혈배치가 관산리식 주거지와 동일한 둔산식주거지나 용암식주거지에서도 증축이 있었다고 생각한다. 특히 용암식주거지 가운데 위석식과 무실설식 노지가 한 주거지 안에서 함께 확인되는 주거지들은 그 가능성이 더 크다 할 수 있겠다. 최초에 설치한 노지는 위석식이였지만, 나중에 추가하는 노지들은 무시설식노지였을 가능성이 높다.

(2) 후기

후기의 주거지인 울산식주거지에서도 증축흔적이 확인되는데(김현식 2005), 그 전형적인 예가 울산 다운동유적 7호, 울산 방기리 30호, 울산 신현동 황토전유적 12호 주거지이다. 다운동 7호와 방기리 30호는 최초 4주식 주거지에서 중축하여 6주식으로 증축된 경우고, 황토전 12호는 최초 4주식 주거지에서 2회 증축하여 4주식 → 6주식 → 8주식으로 증축된 경우다.

증축방법은 관산리식주거지와 마찬가지로 한쪽의 벽을 트는 방식으로 이루어졌다. 다운동 7호의 경우에는 장벽 쪽을 터서 증축하였으며, 황토전 12호는 양 단벽을 한 번씩 터서 6주식(1회 증축), 8주식(2회 증축)으로 증축하였다.

송국리식주거지에서도 증축흔적으로 볼 수 있는 주거지가 확인되는데, 사천 이금동유적 9호 주거지가 대표적인 예라 할 수 있다. 이금동 9호의 평면과 단면을 보면 6개의 중심주혈이 나란히 배치되어 있다. 평면배치와 토층 양상을 봤을 때, 주혈들 중 일부가 서로 겹치는 양상이기 때문에 이 주혈들이 동시에 존재한 것으로 보기 어렵고 총 2회에 걸쳐 증축이 있었다고 판단된다. 따라서 가장 안쪽의 주혈이 최초 조성시의 중심주혈, 중간이 첫 번째 증축시의 중심주혈, 가장 바깥쪽의 중심주혈이 두 번째 증축시의 중심주혈로 추정된다. 후기 주거지의 면적분포도 전기의 주거지처럼 다양한 분포를 보인다는 점

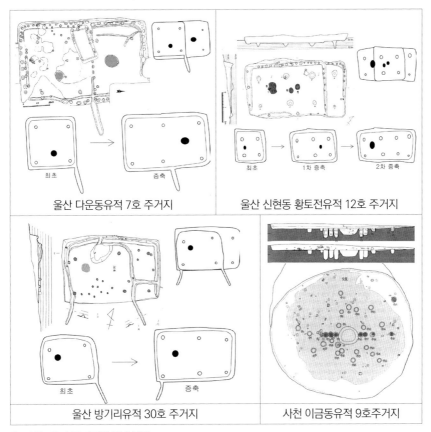

| 울산 다운동유적 7호 주거지 | 울산 신현동 황토전유적 12호 주거지 |
| 울산 방기리유적 30호 주거지 | 사천 이금동유적 9호주거지 |

〈도 90〉 후기 주거지의 증축흔적

에서 가족구성원의 증가에 대하여 '증축'과 '분가'를 통해 세대공동체를 운영
했던 것으로 보인다. 대략 10명의 인원이 주거 당 거주 한계인원이라 생각되
며, 가족구성원이 10명이 되기 전까지는 주거지의 증축을 통해 주거면적을
확보하였으며, 가족구성원이 10명 이상이 되면 분가를 통해 주거면적을 확보
했던 것으로 추정된다.

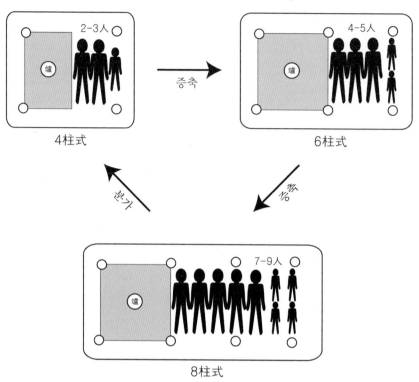

<도 91> 주거지 증축과 분가의 싸이클

3. 청동기시대 세대공동체 변천의 의미

1) 조기~전기: 노동의 집약화와 세대공동체의 출현

세계사적으로 보면, 농경초기단계의 주거에서 둔산식이나 관산리식주거와 같은 대형 주거가 발견되는 사례가 많다. 유럽의 古슬라브, 古게르만 사회, 켈트족 등의 농경초기단계에서 대형 주거가 확인되는 것으로 알려져 있다(角田文衛 1958; 엥겔스 1991; 앙드레 뷔르기에르 2001; 로버트 쉐나우어 2004).

아메리카 인디언 사회에서도 이로꿔이족, 마키리타르족, 와이와이족, 야

노마모족, 에리그바그차족, 쿠베오족, 카라얀족, 와우라족, 오논다가족 등의 가족 형태가 대가족이었으며 큰 집에 공동거주하였다고 알려져 있다(모오건 2000; 로버트쉐나우어 2004). 이들의 생활에 대하여 비교적 상세하게 서술하고 있는데 요약하면 다음과 같다.

① 도구는 석기와 골각기가 주된 도구였고 금속기를 사용하지 않았으며 토기를 사용하였다.
② 木材와 草本類로 가옥을 조성하였으며 가족이 늘어나며 쉽게 주거지를 다시 짓거나 증축하였다.
③ 대형 주거를 조성했으며 가옥에는 혈연적으로 연결된 여러 세대가 함께 거주하였다.

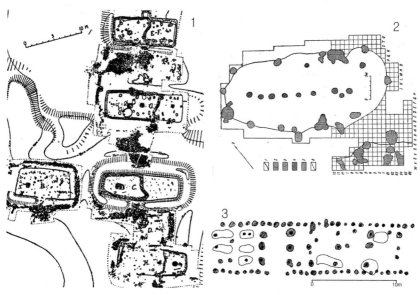

1: 古게르만, 2: 우크라이나, 3: 폴란드

〈도 92〉 유럽 농경초기단계의 대형주거(角田文衞 1958에서 일부수정)

④ 대체로 각 세대의 수대로 화로가 있었으며 주거의 규모와 노의 수는 세대 수에 따라 달랐다.

⑤ 가족 수에 따라 주거의 크기가 다양했다.

⑥ 각 가족은 혈연적인 관계를 가지고 있었다.

농경은 火田耕作을 했지만(이동경작), 수렵 어로에 대한 비중도 높았다.

⑦ 주거 안의 가족들은 공동생활을 영위했으며 武器만이 私有財産이고, 나머지는 공동재산이었다.

엥겔스는 이러한 유럽의 초기농경 사회와 아메리카 인디언 사회의 대형 가옥에 거주하는 가족에 대하여 "한 명의 아버지에서 파생된 몇 세대에 걸친 자손들과 그들의 아내들을 포괄하고 있으며, 공동으로 밭을 갈고, 공동저장물을 먹고 입으며, 여분의 수확을 공동으로 소유하는 대가족"이라 하였으며 특별히 그 명칭을 세대공동체라 하였다(엥겔스 1991).

동남아시아의 화전 농경단계에서도 이와 같은 가족형태가 확인되는 것으로 알려져 있으며(宮本勝 1984), 이들의 생활상도 아메리카 인디언 사회와 크게 다르지 않다. 중국 신석기시대 전기(양사오 문화기)의 주거도 공동가옥이며(정한덕 1995) 농경형태도 이동경작 형태의 화전경작인 것으로 알려져 있다(안승모 1996).

일본 조몬시대 전·중기의 동일본지역에도 장방형의 대형주거가 존재하는 것으로 알려져 있으며(武藤康弘 1997), 조몬시대 중기의 농경형태를 초기농경 형태인 園耕으로 보기도 한다(宮本一夫 2005).

전기의 농경형태에 대하여 언급한 사례를 보면, 화전농경으로 추정하는 사례가(안재호 2000; 박순발 1999) 있다. 이들 견해들에 따르면 전기 유적에서 지석묘의 확인이 드물다는 점, 유적의 입지가 산지에 많은 점, 석부류에서 합인석부와 타제석부의 비율이 높은 점 등이 근거이다.

화전농경을 통해 재배가 가능한 작물은 조·피·기장·수수 등이 해당될 수 있는데(민병근 1996), 이러한 작물들은 생육기간이 짧아 재배 비용이 상대

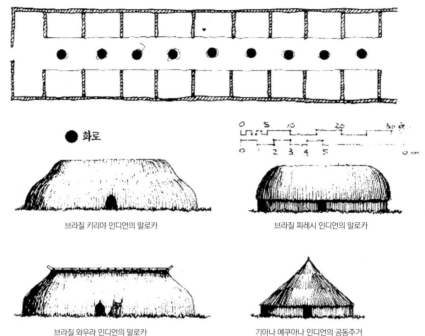

브라질 키리야 인디언의 말로카

브라질 피레시 인디언의 말로카

브라질 와우라 인디언의 말로카

기아나 예쿠아나 인디언의 공동주거

〈도 93〉 아메리카 인디언의 화전경작단계의 공동주거(노버트 쉐나우어 2004에서)

적으로 작게 들기(조재영 외 2004) 때문에 농경이 도입되는 단계에 유리한 작물로 볼 수 있다.

실재로 중국의 농경초기단계의 작물도 조·기장 등의 밭작물 중심이었으며(안승모 1996), 일본 조몬시대의 園耕역시 전작 중심이다. 우리나라의 청동기시대 전기 유적에서도 이들 작물이 확인되고 있다(안승모 1996). 따라서 공통적으로 동아시아에서 농경초기단계의 농경형태는 火田이든 園耕이든 田作 중심임을 알 수 있다.

물론, 이른 시기에도 탄화미와 논이 확인되고, 청동기시대 화전농경의 존재를 부정하는 견해(이상길 2002)도 있다. 그러나 현재로서는 청동기시대 전기의 농경시스템이 처음부터 완벽한 형태의 수도작시스템이 아니라는 점(안승모

1996·2000)에 이론의 여지는 없다. 청동기시대의 쌀을 화전경작에 의한 것으로 보는 견해(甲元眞之 2002)도 있으므로, 필자는 조기~전기의 주된 농경형태가 화전농경이란 견해를 긍정적으로 수용하고자 한다.

남한 조기~전기 문화를 포함한 세계의 농경초기단계 주거지의 공통점은 대형가옥을 지었다는 점이다. 그리고 특히 곡물재배 중심의 아메리카와 아시

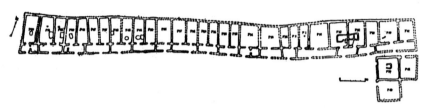

〈도 94〉 中國 仰韶文化期 浙川 下王崗遺蹟의 細長方形 住居(鄭漢德 1995에서 再引用)

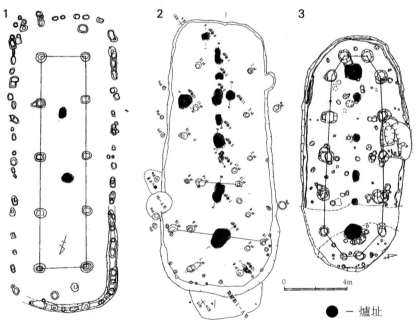

1: 栃木縣根古谷台遺跡 壁立式住居, 2: 岩手縣長者屋敷遺跡 GV-2号住居, 3: 富山縣不動堂遺跡 2号住居
〈도 95〉 일본 조문시대의 대형주거

아 지역의 주거는 이동과 증축에 유리한 구조(주거의 견고성이 떨어지고 세장방형의 형태임)라는 점이 특징이다.

따라서 초기농경단계의 주거는 공동대형가옥이라는 큰 특징이 있고, 그 중에서 화전경작과 園耕을 중심으로 하는 지역의 주거는 이동에 유리한 구조라는 공통점이 있는 것이다.

가족의 규모나 형태는 일차적으로 혈연성을 기반으로 하고 있지만, 한 편으로는 경제활동에 있어 협업단위를 반영하는 것으로 볼 수 있다.

수렵채집경제사회의 일반적인 가족형태는 핵가족으로 알려져 있다(한상복 외 1997; 앙드레뷔르기에르 2001). 그것은 수렵·채집의 경제활동이 농경활동에 비해 노동집약적일 필요가 적기 때문이다. 수렵채집경제사회인 우리나라 신석기시대의 주거지도 소형 주거지가 중심을 이루는 것(이상균 2005; 임상택 2006)도 같은 맥락일 것이다.

농경의 도입은 안정적인 식량확보를 보장하기도 하지만, 경제활동에 있어 공동노동의 비중을 높이고 노동집약적인 형태의 생산관계를 형성한다고 알려져 있다(近藤義郎 1959). 그것은 초기 농경형태인 화전의 경우에도 마찬가지이다.

화전경작은 일반적으로 벌채 → 불 지름 → 제초 → 파종 → 제초 → 수확의 과정으로 진행된다고 한다(佐佐木高明 1997). 이 가운데 불 지름에서 수확까지는 세대단위로도 작업이 가능하지만, 벌채작업은 상당히 많은 노동력이 요구되기 때문에 벌채작업은 공동체의 공동노동으로 이루진다고 한다.

농경사회에서 이런 노동집약적인 협업은 농경활동에만 적용되는 것은 아니다. 신석기시대에서 청동기시대로 전환되면서 나타나는 대표적인 유물의 변화는 낚시 바늘이 감소하고 어망추가 증가하는 것이다. 청동기시대 어망추는 대부분 후리그물용 어망추인데, 후리그물은 제작과 사용에 많은 노동력이 요구된다고 한다(김도헌·권지영 2002; 김도헌 2005).

사냥법에 있어서도 수렵함정을 이용한 사냥법이 등장하기도 하는데(김도헌 2005), 수렵함정은 유도책의 설치와, 몰이 등의 작업이 수반되기 때문에 많은 실제 운용에 있어 활이나 창을 이용한 수렵법보다 많은 노동력을 필요로 한다.

따라서 청동기시대가 되면, 이전의 신석기시대 소단위 중심의 생산관계는 대단위 중심의 생산관계로 전환되고 이는 곳 거주 방식에도 영향을 미치게 되는 것이다. 그러므로 청동기시대의 조기~전기의 대형 주거지의 출현은 생산단위가 세대단위에서 세대공동체단위로 전환됨을 의미한다.

2) 후기: 생산단위의 분화와 세대공동체의 자립성강화

후기가 되면서 주거지의 면적이 중소형 중심으로 재편된다는 것은 세대공동체의 거주 방식이 공동거주에서 세대별 거주로 바뀌었다는 것을 의미한다 (김현식 2006; 김승옥 2006). 이러한 변화는 사회경제조직의 변화가 반영된 결과로 해석할 수 있다. 즉 세대공동체가 분화되었다는 것인데, 세대 공동거주에서 세대별 거주로의 변화는 세대공동체의 분화를 반영하는 현상으로 볼 수 있다.

이렇게 세대공동체, 즉 생산단위가 분화되는 배경에는 다음과 같은 이유가 있었다고 생각된다. 후기가 되면 수도작과 같은 전기에 비해 새로운 식량생산 방식이 도입되고 환호, 지석묘 등 취락 내 공공시설물의 공사도 늘어나게 된다. 이러한 생산환경의 변화는 전기보다 많은 분야에 노동수요를 발생시킬 수

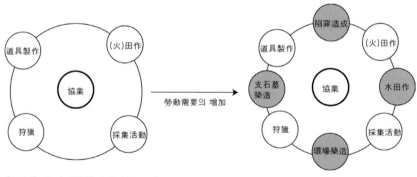

〈도 96〉 후기 생산환경의 변화 모식도

밖에 없다. 그러나 전기의 커다란 협업단위로는 늘어난 노동수요를 감당하지 못했을 것이고 자연스럽게 협업단위의 분화에 대한 사회적 요구가 발생했을 것이다. 세대공동체의 분화는 이러한 사회적 요구가 반영된 결과로 생각된다.

그러나 생산단위가 분화되더라도 생산성의 증대 없이는 공동체 경영에 필요한 사회적 생산력을 유지할 수 없다. 따라서 생산성을 높이기 위한 여러 가지 시도들이 동반되며, 이러한 시도 중에 대표적인 것이 도구제작의 효율성을 높이는 것이다. 후기를 상징하는 대표적인 유물인 일단첨경식석촉, 삼각형석도, 송국리식토기, 검단리식토기 등의 출현은 그런 노력의 결과물들이다.

〈표 41〉 청동기시대 주거지와 세대공동체의 변천과정

	조기	전기	후기
주거지	둔산식 → 용암식	용암식 → 관산리식	검단리식 송국리식
거주방식	세대공동체공동거주	세대공동체공동거주	세대별거주
생산단위	세대공동체	세대공동체	세대
소비단위	세대공동체 공동	세대	세대

IX
결론

　기존의 남한 청동기시대 편년연구는 유형론에 입각한 편년이 대세를 이룬다. 유형 편년법의 핵심은 유형이라는 지역양식을 설정해두고 지역양식의 확산과 접촉에 의해 양식적인 변화가 이뤄진다는 것이다. 이러한 편년법은 유형의 개념과 지역적 범위를 어디까지 설정하는지에 따라서 완전히 다른 결론이 나올 수밖에 없다. 특히 가락동유형과 역삼동·흔암리유형이라는 두 개의 지역양식의 접촉으로 설명하는 편년법으로는 조기문화의 변천과정과 전기에서 후기문화의 출현과정을 설명할 수 없다. 이에 필자는 조기 문화가 전기의 문화로 전환되는 과정, 전기의 문화가 후기로 전환되는 과정을 살펴보고 그 배경에 대하여 고찰하였다. 그 결과 다음과 같은 결론을 얻을 수 있었다.

　서북지방(요동지방, 압록강-청천강유역) 무문토기문화의 직접전파로 시작된 조기의 무문토기문화는 한강유역, 금강유역, 남강유역에서 시작되어 얼마지나지 않아 전국적으로 확산되며 그 과정에서 돌대문은 구순각목문으로, 요동계이중구연토기는 가락동식토기로 변이한다.

　각 지역으로 확산된 조기의 가락동식토기는 점차 구연부가 얇아지고 구순각목문이나 공열문이 시문되며 흔암리식토기로 변이하고 흔암리식토기에서 이중구연이 완전히 사라지고 구순각목문과 공열문만 남게 되는데 이것이 바로 역삼동식토기이다. 조기의 둔산식주거지는 점차 위석식 노지와 초석식 기둥이 토광식노와 무초석 기둥으로 대체되며 주거지 폭도 점점 감소하여 용암식주거지를 거쳐 관산리식주거지로 변이한다. 이러한 변이는 취락이 전국 각지로 확산되는 과정에서 이루어졌기 때문에 매우 빠르게 진행되었다.

AMS연대를 참고하면 전기의 문화변동은 BP.3000 무렵부터 BP.2800 무렵 사이의 짧은 기간동안에 이루어졌다. 따라서 이전 형식과 후행한 형식이 공존하는 기간이 길 수밖에 없다. 즉 전기의 무문토기 문화의 전반적인 양상은 서로 계통관계에 있는 가락동식토기, 흔암리식토기, 역삼동식토기가 혼재하는 양상이며, 주거지도 같은 취락내에 둔산식, 용암식, 관산리식이 함께 확인되기도 한다. 그러나 양식적인 혼란기를 거쳐 후기가 되면 토기는 역삼동식토기·검단리식토기·송국리식토기로, 주거지는 관산리식주거지, 울산식주거지, 송국리식주거지로 양식적 구분이 명확해진다.

후기 무문토기문화는 지역양식의 시대이다. 한강유역 및 호서 부부의 무문토기문화는 이전의 전기 무문토기문화가 계속되다 역삼동유형으로 정착하고, 호서지역 남부의 전기 무문토기문화는 송국리유형이라는 새로운 양식으로 전환되고 곧이어 호남지역 전역, 영남내륙, 서부경남지역으로 확산되어 송국리유형으로 정착한다. 전국각지의 후기 무문토기문화는 특별한 양식적인 변화 없이 후기문화를 지탱하는데, AMS연대를 참고하면 후기문화는 BP.2800년 무렵에 시작되어 청동기시대가 끝나는 BP.2300년 무렵까지 지속된다.

남한지역에 전파된 서북지방 무문토기문화가 이렇게 급속한 양식적인 변화를 거친 이유는 기원지인 서북지방의 기후와 식생이 전파지인 남한지역 기후와 식생과 많은 차이가 있었기 때문이다. 결국 조기~전기의 무문토기의 문화의 변천과정은 서북지방 무문토기문화가 남한의 기후와 식생에 적응하여 정착하는 과정으로 이해 할 수 있다.

이렇게 놓고 보면, 남한 청동기시대에서 '類型'으로 구분할 수 있는 시기는 양식적 구분이 명확한 후기에 국한되어야 할 것이다. 따라서 필자는 후기에 한해 역삼동유형, 검단리유형, 송국리유형이란 유형명을 쓸 것을 제안한다.

한편으로 서북지방 무문토기문화가 남한에 전파되어 확산되는 과정은 농경문화가 전파되어 확산되어 남한의 기후와 풍토에 맞게 적응하며 농경사회를 심화시키는 과정이라고도 할 수 있다. 그 과정에서 농업기술, 도구제작기술, 건축기술 분야 등에 많은 기술적 진보가 이루어 졌으며, 그로 인해 사회적 생산력은 증대되었다. 이러한 생산력 증대는 새로운 생산관계를 요구하였으며 세대공동체의 변화는 그런 요구가 반영된 결과이다.

끝으로 이번 연구에서는 후기 문화와 원형점토대토기 문화와의 관계에 대해서 살펴보지 못하였다. 또한 토기와 주거지에 국한하였기 때문에 석기, 청동기, 그리고 취락과 무덤에 대해서도 살펴보지 못하였다. 이번 연구에서 미진한 점은 향후 필자의 새로운 연구과제로 삼을 것이다.

참고문헌

보고서

江陵大學校博物館, 1996, 『江陵 校洞 住居址』.

강원문화재연구소, 2006, 『정선 아우라지 유적』 1차 지도위원회 자료.

慶南大學校博物館, 2004, 『蔚山 九英里遺蹟』.

경남발전연구원 역사문화센터, 2011, 『진주 평거동 유적』.

慶北大學校博物館, 1991, 『大邱 月城洞遺蹟』.

慶尙北道文化財硏究院, 2002, 『上洞遺蹟發掘調査報告書』.

慶尙北道文化財硏究院, 2004, 『大邱上同遺蹟發掘調査報告書』.

慶尙北道文化財硏究院, 2006, 『大邱 大鳳洞 마을遺蹟』.

慶尙北道文化財硏究院, 2007, 『慶州 甲山里遺蹟』.

啓明大學校博物館, 2007, 『金泉 松竹里遺蹟』 Ⅱ.

고려대학교고고환경연구소, 2005, 『도삼리유적』.

고려대학교고고환경연구소, 2005, 『이사리 · 월기리유적』.

고려대학교고고환경연구소, 2006, 『부여-구룡간 도로확장 및 포장공사 구간내 문화유적
　　　　발굴보고서』.

고려대학교매장문화재연구소, 2000, 『석곡리유적』.

고려대학교매장문화재연구소, 2001, 『관창리유적』.

고려대학교매장문화재연구소, 2001, 『황탄리유적』.

고려대학교매장문화재연구소, 2002,『대정동유적』.

고려대학교매장문화재연구소, 2004,『마전리유적』.

고려대학교매장문화재연구소, 2004,『주교리유적』.

고려문화재연구원, 2008,『평택 소사동 유적』.

공주대학교박물관, 1996,『오석리유적』.

공주대학교박물관, 2000,『백석·업성동유적』.

공주대학교박물관, 2002,『안영리유적』.

국립중앙박물관, 1979,『숭국리』.

金京鎬·李尙勳, 2006,『淸州 飛下洞遺蹟』, 中原文化財硏究院.

金良善·林炳泰, 1968,「驛三洞住居址 發掘報告」『史學硏究』20, 韓國史學會.

畿甸文化財硏究院, 2002,『수원 율전동유적』.

畿甸文化財硏究院, 2002,『安養 冠陽洞 先史遺蹟 發掘調査 報告書』.

羅建柱·姜秉權, 2003,『牙山 鳴岩里遺蹟』, 忠淸埋藏文化財硏究院.

마한문화연구원, 2008,『곡성 오지리유적』.

마한문화연구원, 2009,『나주 운곡동유적Ⅱ』.

마한문화연구원, 2009,『순천 가곡동 유적』.

마한문화연구원, 2009,『영광 운당리유적』.

密陽大學校博物館, 2004,『蔚山 也音洞遺蹟』.

釜山大學校博物館, 1995,『蔚山檢丹里마을遺蹟』.

釜山大學校博物館, 2000,『梁山新平遺蹟』.

서울大學校 博物館, 1974,『欣岩里住居址』.

성낙준·한봉규, 1995,「牙山 新達里 先史住居址 發掘報告」『淸堂洞』, 國立中央博物館.

성정용, 1997,「大田 新岱洞·比來洞 靑銅器時代遺蹟」『호남고고학의 제문제』.

宋滿榮 외, 2002,『漣川 三巨里遺蹟』, 京畿道博物館.

순천대학교박물관, 2003,『광양 용강리 기두유적』.

순천대학교박물관, 2003,『광양 용강리 유적Ⅰ』.

순천대학교박물관, 2006,『여수 화동리·관기리 유적』.

순천대학교박물관, 2007,『광양 칠성리 유적』.

아주대학교박물관, 1999,『관창리유적』.

嶺南大學校博物館, 2000,『蔚山鳳溪里遺蹟』.

嶺南大學校博物館, 2007, 『大邱 月城洞585遺蹟』.

嶺南文化財研究院, 2002, 『蔚山川上里聚落遺蹟』.

嶺南文化財研究院, 2000, 『浦項 草谷里 遺蹟』.

영남문화재연구원, 2002, 『대구 동천동유적』.

嶺南文化財研究院, 2003, 『蔚山 倉坪洞遺蹟』.

嶺南文化財研究院, 2005, 『淸道 陳羅里遺蹟』.

蔚山大學校博物館, 2001, 『울산연암동유적』.

蔚山文化財研究院, 2003, 『蔚山 新峴洞 黃土田遺蹟』.

蔚山文化財研究院, 2004, 『蔚山 校洞里456遺蹟』.

蔚山文化財研究院, 2004, 『蔚山 華亭洞遺蹟』.

蔚山文化財研究院, 2004, 『蔚山 孝門洞 竹田谷遺蹟·孝門洞遺蹟』.

蔚山文化財研究院, 2005, 『蔚山 山下洞山陰遺蹟』.

蔚山文化財研究院, 2005·2007, 『蔚山 梅谷洞遺蹟 Ⅰ·Ⅱ·Ⅲ地區』.

蔚山文化財研究院, 2006·2007, 『蔚山 梅谷洞新基遺蹟 Ⅰ·Ⅱ·Ⅲ地區』.

蔚山文化財研究院, 2007·2008, 『蔚山 泉谷洞가재골遺蹟 Ⅰ·Ⅱ』.

蔚山發展研究院 文化財센터, 2003, 『蔚山 西部里 南川遺蹟』.

蔚山發展研究院 文化財센터, 2005, 『蔚山 泉谷洞遺蹟』.

蔚山發展研究院 文化財센터, 2005, 『蔚山泉谷洞遺蹟(나地區)』.

蔚山發展研究院 文化財센터, 2007, 『蔚州 九英里遺蹟』.

蔚山發展研究院 文化財센터, 2007, 『蔚州 外光里遺蹟』.

尹世英·李弘鐘, 1996, 『館山里遺蹟(1)』, 高麗大學校埋藏文化財研究所.

李康承·朴淳發, 1995, 『屯山』, 忠南大學校博物館.

李南奭·李勳·李賢淑, 1998, 『白石洞遺蹟』, 公州大學校博物館.

李隆助 외, 1984, 「提原 黃石里B地區 遺蹟發掘調査 報告」 『忠州댐 水沒地區 文化遺蹟發
　　　掘調査 綜合報告書』 考古·古墳分野(Ⅰ), 忠北大學校博物館.

李隆助·禹鐘允, 2001, 『忠州 早洞里 先史遺蹟(1)』, 忠北大學校博物館.

李弘鐘·姜元杓, 2001, 『黃灘里遺蹟』, 高麗大學校埋藏文化財研究所.

任孝宰·金成南·李眞旼, 2002, 『華城 古琴山遺蹟』, 서울대학교박물관.

전남대학교박물관, 1990, 「죽산리·복교리」 『주암댐 수물지역 문화유적 발굴조사보고서』.

전남대학교박물관, 1998, 『보성 금평유적』.

전남대학교박물관, 2007, 『무안 평산리 평림유적』.

전남대학교박물관, 2007, 『함평 성천리 와촌유적』.

전남문화재연구원, 2007, 『보성 거석리 구주유적』.

전남문화재연구원, 2009, 『해남 황산리 분토유적』.

전북대학교박물관, 1997, 『호남고속도로 확장구간 문화유적발굴조사보고서Ⅱ』.

전북대학교박물관, 2001, 『진안 용담댐 수몰지구내 문화유적 발굴조사 보고서Ⅶ』.

전북대학교박물관, 2001, 『진안 용담댐 수몰지구내 문화유적 발굴조사 보고서Ⅸ』.

전북대학교박물관, 2004, 『전주 송암동 유적-B지구-』.

전북문화재연구원, 2007, 『전주 효자4 유적』.

전북문화재연구원, 2008, 『전북 오송리 유적』.

전북문화재연구원, 2008, 『전주 마전유적(Ⅲ)』.

조선대학교박물관, 2000, 『순천 죽내리 유적』.

조선대학교박물관, 2003, 『영광 마전 · 군동 · 원당 · 수동유적』.

中央文化財硏究院, 2001, 『鎭川 思陽里遺蹟』.

中央文化財硏究院, 2002, 『大田 官坪洞遺蹟』.

中央文化財硏究院, 2003, 『大田 加午洞遺蹟』.

中央文化財硏究院, 2004, 『報恩 上長里遺蹟』.

中央文化財硏究院, 2004, 『陰城 下唐里遺蹟』.

中央文化財硏究院, 2005, 『平澤 七槐洞 · 土津里遺蹟』.

中央文化財硏究院, 2005, 『淸原 大栗里 · 馬山里 · 楓井里遺蹟』.

中央文化財硏究院, 2005, 『鎭川 新月里遺蹟』.

中央文化財硏究院, 2005, 『평택 칠괴동 공동주택 건설부지내 평택 칠괴동유적』.

中央文化財硏究院, 2005, 『평택 토진리 공장 신축부지내 평택 토진리유적』.

中央文化財硏究院, 2006, 『淸州 江西洞遺蹟』.

中央文化財硏究院, 2006, 『청원 쌍정리 청동기시대유적』.

中央文化財硏究院, 2008, 『대전 용산 · 탑립동유적』.

中央文化財硏究院, 2009, 『진천 내촌리 당골유적』.

중원문화재연구원, 2006, 『청주 가경동유적』.

중원문화재연구원, 2008, 『오창 학소리 · 장대리유적』.

중원문화재연구원, 2008, 『청주 비하동유적Ⅱ』.

車勇杰, 1986,「淸州 內谷洞遺蹟 發掘調査 報告」『中部高速道路文化遺蹟發掘報告書』, 忠北大學校博物館.

昌原大學校博物館, 2003,『蔚山 芳基里 靑銅器時代聚落』.

崔完奎·金鍾文·金奎正, 2000,『益山 永登洞 遺蹟』, 圓光大學校 馬韓·百濟文化研究所.

崔楨苾 외, 2000,『平澤 芝制洞遺蹟』, 세종대학교박물관.

崔楨苾 외, 2001,『堤川 綾江里』, 세종대학교박물관.

崔楨苾 외, 2003,『平澤 防築里遺蹟』, 세종대학교박물관.

충남대백제연구소, 2002,『금산 수당리유적』.

충남대학교 백제연구소, 2007,『화성 반월동 유적』.

忠南大學校博物館, 1998,『大田 老隱洞遺蹟 發掘報告書』.

忠南大學校博物館, 2002,『龍山洞』.

충남대학교박물관, 2006,『궁동』.

忠南大學校博物館, 2006,『大田 上書洞遺蹟』.

忠南大學校百濟研究所, 2002,『錦山 水塘里遺蹟』.

충남발전연구원, 2003,『공주 장선리 토실유적』.

忠北大學校 先史文化研究所, 1996,『平澤 玄華里 遺蹟』.

충북대학교박물관, 2004,『청주 봉명동유적』.

충청남도역사문화연구원, 2008,『계룡 입암리유적』.

忠淸南道歷史文化研究院, 2012,『燕岐 大平里遺蹟』.

忠淸南道歷史文化院, 2007,『公州 濟川里遺蹟』.

忠淸南道歷史文化院, 2007,『鷄龍 豆溪里遺蹟』.

忠淸南道歷史文化院, 2007,『禮山 揷橋 頭里遺蹟』.

충청남도역사문화원, 2004,『부여 나복리유적』.

충청남도역사문화원, 2004,『부여 증산리유적』.

충청남도역사문화원, 2005,『서천 봉선리유적』.

충청남도역사문화원, 2006,『청양 학암리·분향리유적』.

충청남도역사문화원, 2007,『예산 삽교 두리유적』.

충청매장문화재연구원, 2001,『공주 장원리유적』.

충청문화재연구원, 2003,『아산 명암리유적』.

충청문화재연구원, 2004,『천안 불당동유적』.

충청문화재연구원, 2004, 『대전 자운동·추목동유적』.

충청문화재연구원, 2005, 『당진 자개리유적Ⅱ』.

충청문화재연구원, 2006, 『서천 추동리유적』.

충청문화재연구원, 2006, 『당진 자개리유적Ⅰ』.

충청문화재연구원, 2007, 『아산 시전리유적』.

충청문화재연구원, 2008, 『서천 옥남리유적』.

韓國考古環境研究所, 2010, 『燕岐 松潭里·松院里』.

韓國考古環境研究所, 2012, 『燕岐 大平里遺蹟』

韓國文化財保護財團, 2000, 『淸州 龍岩遺蹟Ⅰ』.

한남대학교중앙박물관, 2003, 『대전 노은동유적』.

한림대학교박물관, 2007, 『가평 달전리 유적』-청동기시대 취락-.

한신대학교박물관, 2006, 『화성 천전리 청동기시대 취락』.

한신대학교박물관, 2007, 『화성 반송리 청동기시대 취락』.

호남문화재연구원, 2006, 『임실 망월촌유적』.

호남문화재연구원, 2006, 『장흥 갈두유적Ⅱ』.

호남문화재연구원, 2006, 『장흥 신풍유적』.

호남문화재연구원, 2007, 『나주 영천유적』.

호남문화재연구원, 2007, 『무안 통정유적』.

호남문화재연구원, 2007, 『정읍 장수동·신용리유적』.

호남문화재연구원, 2008, 『광주 성덕유적-장자·신완유적』.

호남문화재연구원, 2008, 『익산 광암리 유적』.

국내 논문, 저서

甲元眞之, 2002, 「東아시아 先史時代 生業活動」『한국 신석기시대의 환경과 생업』, 동국대학교 매장문화재연구소.

강연수, 1989, 『원삼국시대의 주거건축에 관한 연구』, 건국대학교 대학원 석사학위논문.

강영환, 1992, 『집의 사회사』, 웅진출판사.

강영환, 1999, 『한국주거문화의 역사』, 기문당.

강인욱, 2005, 「區系類型論과 중국 동북지방의 고고학 -중국 동북지방 고고학에 대한 이론적 접근-」『한국고고학보』 56.

강인욱, 2007, 「두만강유역 청동기시대 문화의 변천과정에 대하여」『한국고고학보』 62.

고민정, 2003, 『南江流域 無文土器文化의 變遷』, 慶北大學校大學院 碩士學位論文.

고민정, 2009, 「남강유역과 북한 청동기시대의 비교」『동북아시아적 관점에서 본 북한의 청동기시대』 제2회 한국청동기학회 학사분과 발표회요지, 한국청동기학회.

고민정, 2013, 「남강유역 청동기시대 조기~전기 무문토기의 편년」『한국청동기시대 편년』, 한국청동기학회.

공민규, 2005, 「중서내륙지역 가락동유형의 전개」『송국리문화를 통해서 본 농경사회의 문화체계』.

공민규, 2013, 「충청남동지역의 청동기시대 조기~전기 편년」『한국청동기시대 편년』, 한국청동기학회.

공우석, 2003, 『한반도 식생사』, 아카넷.

국립국어연구원, 1999, 『표준국어대사전』, 두산동아.

국립산림과학원, 2005, 『대나무의 모든 것』.

곽종철, 1988, 「편년표 작성을 위한 방법적 사례의 정리」『고대연구』 제1집, 고대연구회.

宮里 修, 2005, 「無文土器時代의 취락 구성」『韓國考古學報』 56, 한국고고학회.

권오영, 1997, 「한국 古代의 聚落과 住居」『韓國古代史研究』 12, 한국고대사학회 편.

권오영, 2006, 「"계층 사회와 지배자의 출현" 개별발표에 대한 종합토론 요지문」『계층 사회와 지배자의 출현』 한국고고학회 창립 30주년 기념 한국고고학전국대회, 한국고고학회.

권학수, 1994, 「역사시대 마을 고고학의 성과와 과제」『마을의 고고학』, 제18회 한국고고학전국대회 발표요지문.

김규정, 2016, 「제4장 호남지역」『청동기시대 고고학2-편년』, 서경문화사.

金美京, 2006, 「美松里型 土器의 변천과 성격에 대하여」『韓國考古學報』 60, 韓國考古學會.

金材胤, 2003, 『韓半島 刻目突帶文土器의 編年과 系譜』, 釜山大學校 大學院 碩士學位論文.

김광언, 1982, 『한국의 옛집』, 민음사.

김광언, 1988, 『韓國의 住居民俗誌』, 민음사.

김도경, 2000, 『한국 고대 목조건축의 형성과정에 관한 연구』, 고려대학교 대학원 박사학위논문.

김권구, 2005, 『청동기시대 영남지역의 농경사회』, 학연문화사.

김권구, 2007, 「Ⅳ. 考察」『金泉 松竹里遺蹟』Ⅱ, 啓明大學校博物館.

김남응, 2004, 『문헌과 유적으로 본 구들이야기 온돌이야기』, 단국대학교출판부.

김도경, 2000, 『한국 고대 목조건축의 형성과정에 관한 연구』, 고려대학교 대학원 박사학위논문.

김도헌, 2004, 「선사·고대 논의 발굴사례 검토」『발굴사례연구논문집』창간호, 한국문화재조사연구전문기관협회.

김도헌, 2005, 「청동기시대 영남지역의 환경과 생업」『영남의 청동기시대 문화』, 嶺南考古學會.

김도헌·이재희, 2004, 「울산지역 청동기시대 취락의 입지에 대한 검토」『嶺南考古學』35, 嶺南考古學會.

김동현, 1991, 「초기 철기시대의 주거지연구」『한국고대국가형성시기의 고고학적 연구』, 한국정신문화연구원.

김동현, 1993, 『한국목조건축의 기법』, 도서출판 발언.

김두철, 2000, 「金海 禮安里遺蹟의 再檢討」『韓國 古代史와 考古學 -鶴山 金廷鶴博士 頌壽紀念論叢』.

김민구, 2007, 「부여 송국리유적 장방형주거지 출토 탄화 목재의 연구」『한국상고사학보』55.

金旼志, 2012, 『靑銅器時代開始期의 漢江中上流地域石器樣相』, 嶺南大學校 大學院 碩士學位論文.

김범철, 2006, 「중서부지역 청동기시대 수도 생산의 정치체계: 금강 중하류역 송국리형 취락체계의 위계성과 도작집약화」『한국고고학보』58.

김병섭, 2009, 「남한지역 조·전기 무문토기 편년 및 북한지역과의 병행관계」『한국청동기학보』4.

김병섭, 2016, 「제5장 영남지역」『청동기시대 고고학2-편년』, 서경문화사.

김세기, 1994, 「황성동원삼국취락지의성격」『마을의고고학』, 제18회 한국고고학전국대회발표요지.

김승옥, 2000, 「호남지역 마한 주거지의 편년」『호남고고학보』11.

金承玉, 2004, 「龍潭댐 無文土器時代 文化의 社會組織과 變遷過程」『湖南考古學報』19.

김승옥, 2006, 「청동기시대 주거지의 편년과 사회변천」『한국고고학보』60.

김영우, 1964, 「세죽리 유적 발굴 중간 보고(2)」『고고민속』4.

김용간, 1959, 「강계시 공귀리 원시 유적 발굴보고」『유적발굴보고』6.

김용남 외, 1975, 『우리 나라 원시집자리에 관한 연구』, 사회과학출판사.

김원룡, 1963, 「靈岩郡 月松里의 石器文化」『震檀學報』.

김원룡, 1968, 「韓國無文土器地域分類試論」『考古學』第一輯.

金元龍, 1972, 「韓國 半月形石刀의 發生과 展開」『史學志』6, 檀國大學校史學會.

김재윤, 2004, 「한반도 돌대문토기문화의 편년과 계보」『한국상고사학보』46.

김재호, 2006, 「한국 청동기시대 주거구조의 복원」『영남고고학』39.

김장석, 2001, 「흔암리유형 재고: 기원과 연대」『嶺南考古學』28.

김장석, 2002, 「남한지역 신석기-청동기시대 전환: 자료의 검토를 통한 가설의 제시」『한국고고학보』48.

김장석, 2008, 「무문토기시대 조기설정론 재고」『한국고고학보』69.

김정기, 1968, 「한국수혈주거지고(一)」『고고학』제1집, 한국고고학회.

김정기, 1974, 「한국수혈주거지고(二)」『고고학』제3집, 한국고고학회.

김정기, 1976, 「목조건물 屋蓋 발생고」『고고미술』129·130, 고고미술사학회.

김정기, 1976, 「竪穴住居와 半竪穴住居」『장기인선생회갑기념논문집』.

김정기, 1977, 「문헌으로 본 한국주택사」『동양학』제7집.

김정기, 1979, 「마한·백제영역에서 발견된 주거지」『마한·백제문화』제3집, 원광대학교 마한·백제 문화연구소.

김정기, 1987, 「신석기시대의 수혈주거지 재고」『최영희 선생화갑기념논총』, 탐구당.

김정기, 1996, 「청동기 및 초기철기시대의 수혈주거」『한국고고학보』34집, 한국고고학회.

김진정·小片丘彦, 1993, 「Ⅷ. 金海 禮安里古墳群 出土人骨」『金海 禮安里古墳群』, 釜山大學校博物館.

김평탁, 1994, 『建築用語辭典』, 技文堂.

김한식, 2006, 「경기지역 역삼동 유형의 정립과정」『서울·경기지역 청동기문화의 유형과 변천』, 제4회 서울경기고고학회 학술대회, 서울경기고고학회.

김현식, 2005, 「蔚山式 住居址의 增築과 社會的 意味」『嶺南考古學』36.

김현식, 2006, 『蔚山式 住居址 硏究』, 釜山大學校 大學院 碩士學位論文.

김현식, 2008a, 「호서지방 전기 무문토기 문양의 변천과정 연구」『嶺南考古學』44호.

김현식, 2008b, 「남한 청동기시대 조기~선기의 문화사적 의미」『고고광장』2호.

김홍식, 1997, 「선사시대 살림집의 구조에 대한 연구(가설) -민속학적 자료를 중심으로」 『文化財』 제11호.

羅建柱, 2005, 「중서부지방 송국리유형 형성과정에 대한 검토」 『금강고고』 2.

나건주, 2009, 「송국리유형 형성과정에 대한 검토: 경기·충청 자료를 중심으로」 『고고학』 8-1, 서울경기고고학회.

羅建柱, 2013, 『청동기시대 전기 취락의 성장과 송국리유형 형성과정에 대한 연구』, 충남대학교 대학원 박사학위논문.

노버트 쉐나우어(김연홍 옮김), 2004, 『집(6000년 인류주거의 역사)』, 다우출판사.

董眞淑, 2003, 『嶺南地方 靑銅器文化의 變遷』, 慶北大學校 大學院 碩士學位論文.

鈴木公雄(尹煥 譯), 1994, 『考古學 入門』, 학연문화사.

大塚久雄(이영훈 옮김), 1982, 『共同體의 基礎理論』.

루이스 헨리 모간(최달곤, 정도호 옮김), 2000, 『고대사회』, 문화문고.

리순진, 1965, 「신암리 유적 발굴 중간 보고」 『고고민속』 3.

리용간·리순진, 1965, 「1965년도 신암리유적발굴보고」 『고고민속』 3.

민병근, 1996, 「화전의 역사」 『한국민속사입문』, 지식산업사.

박강민, 2004, 『삼한시대 주거지 내 부뚜막과 구들시설에 대한 연구』, 동아대학교 대학원 석사학위논문.

朴淳發, 1999, 「欣岩里類型 形成過程 再檢討」 『湖西考古學』 創刊號, 湖西考古學會.

박순발, 2001, 「南韓地方 農耕文化形成期 聚落의 變化'에 대하여」 『한국 농경문화의 형성』, 제25회 한국고고학전국대회 발표요지.

朴淳發, 2003, 「美沙里類型 形成考」 『湖西考古學』 9, 湖西考古學會.

朴淳發, 2003, 「송국리유형의 형성」 『부여의 문화유적』, 부여구지 제7권, 부여군지편찬위원회.

박상진, 2007, 「울주 외광리유적의 수종분석결과」 『울주외광리 취락유적』, 울산발전연구원 문화재센터.

박승규, 2000, 「생활고고학의 연구 성과와 과제」 『고고학의 새로운 지향』, 제4회 부산복천분관 학술발표회.

朴榮九, 2000, 『嶺東地域 靑銅器時代 住居址 硏究』, 檀國大學校 碩士學位論文.

박영구, 2004, 「영동지역 청동기시대 주거지 연구」 『강원고고학보』 3.

박영구, 2013, 「강원 영동지역의 청동기시대 조기~전기 편년」『한국청동기시대 편년』, 한국청동기학회.

裴眞晟, 2003, 「無文土器의 成立과 系統」『嶺南考古學』 32.

裴眞晟, 2005, 「檢丹里類型의 成立」『韓國上古史學報』 48, 韓國上古史學會.

裴眞晟, 2007, 『無文土器文化의 成立과 階層社會』, 釜山大學校 大學院 博士學位論文.

裴眞晟, 2012, 「가락동식토기의 초현과 계통」『고고광장』 11.

백남운(하일식 옮김), 1994, 『朝鮮社會經濟史』, 이론과 실천.

브루스 트리거(성춘택 옮김), 1997, 『고고학사』, 학연문화사.

사회과학원 고고학연구소, 1977, 『조선고고학개요』, 과학 · 백과사전출판사.

석광준 · 차달만, 1997, 「구룡강유적에 대하여」『조선고고연구』 4.

石野博信, 1990, 『日本原始 · 古代住居の研究』, 吉川弘文館.

성춘택, 2003, 「다위니즘과 진화고고학의 원칙」『湖南考古學』 17, 湖南考古學會.

孫晙鎬, 2002, 「韓半島出土半月形石刀의 變遷과 地域相」『先史와 古代』 17.

孫晙鎬, 2007, 「마제석촉의 변천과 형식별 기능검토」『한국고고학보』 62.

송기호, 2006, 『한국 고대의 온돌 -북옥저, 고구려, 발해』, 서울대학교출판부.

宋滿榮, 1995, 『중기 무문토기시대 문화의 편년과 성격』, 숭실대학교 대학원 석사학위논문.

宋滿榮, 2001, 「南韓地方 農耕文化形成期 聚落의 構造와 變化」『한국농경문화의 형성』, 제25회 한국고고학 전국대회 발표요지, 한국고고학회.

宋滿榮, 2010, 『한반도 중부지역 취락의 발전과 정치체의 성장 -청동기시대~한성백제기를 중심으로』, 숭실대학교 대학원 박사학위논문.

松田智雄(장상환 옮김), 1985, 『서양 경제사 강의』, 미래사.

신영훈, 1983, 『한국의 살림집』, 열화당.

申相孝, 1996, 「松菊里型住居址의 復元的 考察」『湖南考古學』 4, 湖南考古學會.

신의주역사박물관, 1967, 「1966년도 신암리유적발굴간략보고」『력사과학』 2.

신희권, 2001, 「1~3세기 한강유역 주거와 백제의 형성」『동아시아 1~3세기 주거와 고분』, 문화재연구 국제학술대회 발표논문 제10집, 국립문화재연구소.

안덕임, 1985, 『한강유적 초기철기시대 문화 -집터와 토기를 중심으로-』, 한양대학교 대학원 석사학위논문.

安承模, 1996, 『東아시아 先史時代의 農耕과 生業』, 학연문화사.

安承模, 2000, 「稻作의 出現과 擴散」『韓國 古代의 稻作文化』 국립중앙박물관 학술심포지움 발표요지.

安在晧, 1990, 『南韓 前期無文土器의 編年』, 慶北大學校 大學院 碩士學位論文.

安在晧, 1992, 「松菊里類型의 檢討」『嶺南考古學』 11, 嶺南考古學會.

安在晧, 1996, 「無文土器時代 聚落의 變遷」『碩晤尹容鎭教授停年退任紀念論叢』.

安在晧, 2000, 「韓國 農耕社會의 成立」『韓國考古學報』 43, 韓國上古史學會.

安在晧, 2006, 『青銅器時代 聚落研究』, 부산대학교 대학원 박사학위논문.

安在晧, 2007, 「編年을 위한 屬性配列法」『고고광장』 창간호, 부산고고학연구회.

安在晧, 2009, 「南韓 青銅器時代 研究의 成果와 課題」『동북아 청동기문화 조사연구의 성과와 과제』, 학연문화사.

安在晧, 2011, 「墓域式支石墓의 出現과 社會相」『東北亞 青銅器文化와 支石墓』, 한국학 중앙연구원공동연구팀.

안재호 · 이형원 편, 2016, 『청동기시대 고고학2-편년』, 서경문화사.

安在晧, 2018, 「한국 청동기시대의 시기구분의 현황」『토기 · 금속기의 한일 교섭』, 「신 · 한일교섭의 고고학-청동기~원삼국시대-」연구회.

앙드레 뷔르기에르 외(정철웅 옮김), 2001, 『가족의 역사』 1, 이학사.

엄윤정, 1999, 『울산지역 무문토기시대 취락과 주거의 건축적 특성에 관한 연구』, 蔚山 大學校 大學院 碩士學位論文.

엘E. R. 서비스(申瀅植 옮김), 1986, 『原始時代의 社會組織』, 三知院.

오세연, 1995, 『중부지방 원삼국시대 문화에 대한 연구』, 서울대학교 대학원 석사학위논문.

온화순, 1993, 『전북지방 원삼국시대 주거지의 연구 -남원 세전리유적을 중심으로』, 한 양대학교 대학원 석사학위논문.

우정연, 2002, 「중서부지역 송국리복합체 연구」『한국고고학보』 47.

유병록, 2005, 「"청동기시대 영남지역 주거와 마을"에 대한 토론」『영남의 청동기시대 문화』, 嶺南考古學會.

유병록, 1999, 「수혈주거지 조사방법론 I」『영남문화재연구』 11, 嶺南文化財研究院.

李健茂, 1992, 「松菊里型 住居址分類試論」『擇窩許善道先生停年退任記念韓國史論叢』, 一朝閣.

이민석, 2003, 『한국 상고시대의 노시설 연구』, 전북대학교 대학원 석사학위논문.

이기성, 2001, 「무문토기시대 주거양식의 변화 -충남지방을 중심으로-」『호남고고학』 14.

이기성, 2012, 「문화사적 시기구분으로서의 무문토기시대 조기설정 재검토」『한국상고사 학보』 76.

李白圭, 1974, 「京畿道無文土器・磨製石器」『考古學』 제3집.

李白圭, 1986, 「漢江流域 前半期 민무늬토기의 編年에 대하여」『嶺南考古學』 제2호.

李相均, 2005, 『韓半島 新石器文化의 新動向』, 學研文化社.

이상길, 2002, 「南部地方 初期農耕의 現段階 -遺構를 중심으로-」『韓日 初期農耕 比較 研究』.

이선복, 1988, 『고고학 개론』, 이론과 실천.

李秀鴻, 2005, 『檢丹里式土器에 대한 一考察』, 釜山大學校 大學院 碩士學位論文.

李秀鴻, 2008, 「울산지역 청동기시대 취락구조의 변화」『한국청동기학보』 2, 한국청동기 학회.

李宗哲, 2000, 「松菊里型 住居址에 대한 研究」『湖南考古學報』 12, 湖南考古學會.

李宗哲, 2002, 「松菊里型 住居址의 청동기시대에 대한 試論」『湖南考古學報』 16, 湖南考 古學會.

이준희, 1999, 『가야 건축에 관한 연구』, 고려대학교 대학원 석사학위논문.

이진민, 2004, 「중부지역 역삼동 유형과 송국리 유형의 관계에 대한 일고찰」『한국고고 학보』 54집.

이현석・권태용・문백성・유병록・김병섭, 2004, 「수혈건물의 폐기양식」『발굴사례 연 구논문집』 창간호, 한국문화조사연구기관협회.

李亨源, 2002, 「韓國 青銅器時代 前期 中部地域 無文土器 編年研究」, 忠南大學校 碩士學 位論文.

李亨源, 2006, 「천전리취락의 편년적 위치 및변천 -송국리유형의 형성과 관련하여-」『화 성 천전리 청동기시대 취락』 17, 한신대학교 박물관.

李亨源, 2007a, 「호서지역 가락동유형의 취락구조와 성격」『호서고고학』 17, 호서고고 학회.

李亨源, 2007b, 「남한 청동기시대 전기의 상한과 하한」『한국청동기학보』 창간호, 한국 청동기학회.

이홍종, 1994, 「후기무문토기사회의 집단과 주거형태」『마을의 고고학』 제18회 한국고 고학전국대회 발표요지.

이홍종, 1996, 『청동기시대의 토기와 주거』, 서경문화사.

이홍종, 2005, 「송국리문화의 문화접변과 문화변동」『한국상고사학보』 48.

李熙濬, 1983, 「형식학적 방법의 문제점과 순서배열법의 검토」 『한국고고학보』 14·15, 한국고고학회.

李熙濬, 1986, 「相對年代決定法의 綜合考察」 『嶺南考古學』 2, 嶺南考古學會.

이희준, 2000, 「삼한 소국 형성 과정에 대한 고고학적 접근의 틀 -취락 분포 지형을 중심으로」 『한국고고학회』 43.

임상택, 2006, 『한국 중서부지역 빗살무늬토기문화 연구』, 서울대학교 대학원 박사학위논문.

任 雄, 1987, 「古게르만 村落共同體의 經濟的 性格」 『史叢』 31, 歷史研究會.

임영옥, 2000, 『영남지방 원삼국시대의 주거지 연구』, 한양대학교 대학원 석사학위논문.

林永珍, 1985, 「움집의 分類와 變遷」 『韓國考古學報』 제17·18輯.

임윤미, 1990, 「한국 선사시대 노지연구」 『숭실사학』 제6집, 숭실대학교사학회.

장경호, 1983, 「우리나라 난방시설인 구들형성에 대한 연구」 『고고미술』 165, 한국미술사학회.

장용석, 2001, 『경산 임당유적의 공간구성에 대한 연구』, 영남대학교 대학원 석사학위논문.

庄田愼失, 2007, 『남한 청동기시대 생산활동과 사회』, 충남대학교 대학원 박사학위논문.

정찬영, 1961, 「지강도 시중군 심귀리 원시 유적 발굴 중간 보고」 『문화유산』 2.

정찬영, 1983, 「심귀리집자리」 『유적발굴보고』 13.

정찬영, 1996, 「우리나라 구들의 유래와 발전」 『고고민속』 66-4.

鄭漢德, 1995, 「東아시아의 環濠集落」 『蔚山檢丹里마을遺蹟』, 釜山大學校博物館.

鄭漢德, 1999, 「欣岩里類型 形成過程 再檢討'에 대한 토론」 『湖西考古學』 創刊號.

趙璣濬, 1987, 『社會經濟史』, 일신사.

조중공동고고학발굴대, 1966, 「쌍타자」 『중국 동북 지방의 발굴 보고 1963-1965』, 사회과학출판사.

趙載英 외, 2004, 『田作』, 鄉文社.

趙賢庭, 2001, 『蔚山型 住居址에 대한 研究』, 慶南大學校 大學院 碩士學位論文.

조형래, 1996, 「수혈주거의 벽과 벽구에 관한 연구」, 부산대학교 대학원 석사학위논문.

차달만, 1993, 「청천강류역 청동기시대 유적들의 년대」 『조선고고연구』 2.

찰스 다윈, 2004, 『종의 기원』, 한길사.

千羨幸, 2003, 「無文土器時代 前期文化의 地域性研究 -中西部地方을 中心으로-」, 釜山大學校 大學院 碩士學位論文.

千羨幸, 2005, 「한반도 돌대문토기의 형성과 전개」『한국고고학보』57, 한국고고학회.

千羨幸, 2006, 「영남지방 무문토기시대 중기로의 문양구성 변화」『石軒鄭澄元敎授停年退任記念論叢』, 釜山考古學硏究會 論叢刊行委員會.

千羨幸, 2007, 「무문토기시대 조기 설정과 시간적 범위」『한국청동기학보』창간호, 한국청동기학회.

최성락, 1998, 『한국 고고학의 방법과 이론』, 학연문화사.

최성락, 2005, 『고고학 입문』, 학연문화사.

崔鍾圭, 2005, 「所土里遺跡에서 본 松菊里文化의 一斷面」『蔚山 所土里 松菊里文化遺蹟』.

최태용, 2000, 『강원지역 초기철기시대 주거지연구』, 강원대학교 석사학위논문.

추연식, 1994, 「취락고고학의 세계적 연구경향」『마을의 고고학』, 제18회 한국고고학전국대회 발표요지문.

칼 마르크스(성낙선 옮김), 1987, 『자본주의적 생산에 선행하는 제형태』, 지평.

칼 마르크스(김영민 옮김), 1987, 『자본』 I-2, 이론과 실천.

칼 마르크스 · F. 엥겔스(김대웅 옮김), 1989, 『독일이데올로기』 I, 두레.

칼 마르크스(김호균 옮김), 2002, 『정치경제학 비판 요강』, 백의.

彭久松 · 金在善, 2000, 『原文 東夷傳』, 서문문화사.

F. 엥겔스(김대웅 옮김), 1991, 『가족 사유재산 국가의 기원』, 아침.

河仁秀, 2006, 『嶺南海岸地域의 新石器文化 硏究』, 釜山大學校 大學院 博士學位論文.

하진호, 2013, 「대구지역 청동기시대 전기의 편년」『한국청동기시대 편년』, 한국청동기학회.

한국철학사상연구회, 1990, 『철학소사전』, 동녘.

韓相福 · 李文雄 · 金光億, 1997, 『文化人類學槪論』, 서울대학교출판부.

한영희, 1986, 「주거생활」『한국사론』13, 국사편찬위원회.

허의행, 2014, 『청동기시대전기 호서지역 취락 연구』 I, 서경문화사.

홍경희, 1985, 『촌락지리학』, 법무사.

황상일 · 윤순옥, 2000, 「울산 태화강 중 · 하류의 Holocene 자연환경과 선사인의 생활변화」『韓國考古學報』제43집.

황재훈, 2015, 「청동기시대 전기 편년연구 검토: 형식편년과 유형론, 그리고 방사성탄소연대」『고고학』14-1.

黃昌漢, 2004,「無文土器時代 磨製石鏃의 製作技法 研究」『湖南考古學報』20, 湖南考古學會.

黃昌漢, 2009,「청동기시대 석기 제작의 양극기법 연구: 제작실험을 중심으로(靑銅器時代 石器 製作의 兩極技法 研究: 제작실험을 중심으로)」『한국상고사학보』63.

黃昌漢, 2012,「청동기시대 마제석촉의 지역성 연구」『야외고고학』제13호.

黃昌漢·金賢植, 2006,「船形石器에 대한 考察」『石軒鄭澄元敎授停年退任記念論叢』, 釜山考古學研究會 論叢刊行委員會.

黃炫眞, 2004,『嶺南地域 無文土器의 地域性研究』, 釜山大學校 大學院 碩士學位論文.

Emil. W. Haury(李熙濬 역), 2007,「미국선사시대 주민 이주의 고고학적 논증 사례: 한국고고학에서의 이주론, 정복설에 대한 방법론적 성찰을 위한 소개」『영남고고학』42.

국외 논문, 저서

宮本勝, 1984,「東南アシア燒畑農耕民の集落」『季刊考古學』7.

宮本長二郎, 1996,『日本原始古代の住居建築』, 中央公論美術出版.

宮本長二郎, 1998,「平地住居と竪穴住居の類型と變遷」『先史日本の住居とその周邊』, 同成社.

近藤義郎, 1959,「共同體と 單位集團」『考古學研究』第六券 一号.

大貫靜夫, 1996,「欣岩里類型土器の系譜論のめぐって」『東北アジアの考古學』, 東亞細亞考古學研究會.

大阪府文化財センタ, 2004,『尾南遺蹟の調査』, 尾南遺蹟現地說明會資料.

大塚 實, 1991,『古代共同體論』, 名著出版.

都出比呂志, 1975,「家とムラ」『日本的生活の母胎』日本生活文化史 1.

都出比呂志, 1989,『日本農耕社會の成立過程』, 岩波書店.

淺川滋男 編, 1998,『先史日本の住居とその周邊』.

春成秀彌·今村峯雄編著, 2004,『彌生時代の實年代』, 學生社.

和島誠一·金井塚良一, 1966,「集落と共同體」『日本の考古學』古墳時代 下.

角田文衛, 1958,「共同體」『共同體の研究』.

佐佐木高明, 1997,『稻作以前』, 農文社.

• 김현식 金賢植

　동국대학교 고고미술사학과를 졸업하고 부산대학교 고고학과에서 석사와 박사학위를 받았다. 1998~2000년 경남고고학연구소, 2000년부터 지금까지 울산문화재연구원에서 재직 중이며, 동국대, 부산대, 신라대 등의 외래교수를 역임하고, 2020년부터 동국대학교 고고미술사학과 겸임교수로 활동하고 있다.

　1998년부터 매장문화재 조사기관에 근무하면서 진주 대평리유적, 사천 늑도유적, 합천 영창리 유적, 울산 신현동 황토전유적, 경주 광명동 유적, 울산 서울 종로 사직단 전사청, 울산 교동리유적, 울산 상천리 유적, 울산 가천리사지, 울산 나주 유곡리 유적, 나주 장성리 장서유적, 울산 곡천리 유적 등의 발굴조사에 참여 하였다.

　주요논문으로는 「울산식 주거지의 증축과 사회적 의미」, 「울산식 주거지 연구」, 「호서지방 전기 무문토기 문양의 변천과정 연구」, 「남한 청동기시대 조기~전기의 문화사적 의미」, 「남한 청동기시대 서북한양식 주거지에 대한 고찰」, 「한국 청동기시대 중기의 역연대」, 「송국리단계 유물·유구 변화와 의미」 등 다수가 있다.

청동기시대 문화변천

초판발행일　2023년 3월 24일
편 저 자　김현식
발 행 인　김선경
책 임 편 집　김소라
발 행 처　서경문화사
　　　　　　주소 : 서울시 종로구 이화장길 70-14(204호)
　　　　　　전화 : 743-8203, 8205 / 팩스 : 743-8210
　　　　　　메일 : sk8203@chol.com
신 고 번 호　제1994-000041호
ISBN　978-89-6062-251-7　93910

ⓒ 김현식 · 서경문화사, 2023